TU GRACIA ES SUFICIENTE

APRENDIENDO A MIRAR A TRAVÉS DE SUS OJOS

Diana Ramírez Torres

EDIQUID

TU GRACIA ES SUFICIENTE
Aprendiendo a mirar a través de sus ojos
© Diana Ramírez Torres, 2021

Editado por: Corporación Ígneo, S.A.C.
para su sello editorial Ediquid

ISBN: 978-980-436-011-4
Depósito legal: DC2021000085

www.grupoigneo.com
Correo electrónico: contacto@grupoigneo.com
Facebook: Grupo Ígneo | Twitter: @editorialigneo | Instagram: @grupoigneo

Reservados todos los derechos. El contenido de esta obra está protegido por leyes de ámbito nacional e internacional, que establecen penas de prisión y/o multas, además de las correspondientes indemnizaciones por daños y perjuicios, para quienes reprodujeren, plagiaren, distribuyeren o comunicaren públicamente, en todo o en parte, una obra literaria, artística o científica, o su transformación, interpretación o ejecución artística fijada en cualquier tipo de soporte o comunicada a través de cualquier medio, sin la preceptiva autorización. El presente texto literario es una obra ficticia.

Diseño de portada: Oriana Vargas
Corrección: Cindy Barreto
Colección: Integrales

PALABRAS PRELIMINARES

Hace algunos años, escribí una oración basada en la historia de Jacob. Para comenzar la lectura de este libro, quiero compartirla contigo:

Padre mío, llévame a Peniel;
así como Jacob, tu rostro quiero ver;
menguar para que tú crezcas en mí.

No quiero esconder mis heridas,
vengo ante el dador de la vida.
Ya no quiero luchar contra ti.
Quebranta mi vida.

Llévame al lugar donde tus ojos pueda ver.
Y, aunque herida esté, cantaré,
que un reflejo tuyo quiero ser.

Llévame a Peniel, donde pueda verte cara a cara.
Y sé bien que mi alma será librada.
Allí es donde quiero estar.

I

A SU IMAGEN Y SEMEJANZA

Y creó Dios al hombre a su imagen, a imagen de Dios lo creó;
varón y hembra los creó.
Génesis 1, 27

A diario, empleamos un sinnúmero de objetos que nos son útiles para las actividades que desempeñamos: cada cosa que nos rodea tiene su creador y muy pocas veces nos detenemos a pensar a quién se le pudo ocurrir inventar aquello que estamos usando, cuánto tiempo le tomó diseñarlo y con qué propósito fue creado. Para la gran mayoría de las personas, esta información resulta irrelevante; es por eso que, muy rara vez, leemos el manual de instrucciones antes de comenzar a usar el objeto que adquirimos. Casi siempre asumimos conocer su funcionamiento, sin darnos cuenta que quien realmente está al tanto de todos los detalles es aquel que lo construyó.

Así como cada objeto que está a nuestro alrededor tiene su creador, nosotros, como seres humanos, también tenemos uno. Deseo que podamos iniciar este viaje meditando sobre el inicio de todo, el momento de nuestra creación. El libro del Génesis registra este acontecimiento: el término proviene del griego *guénesis*, que quiere decir *nacimiento, creación* u *origen*. En hebreo, la palabra utilizada para denominar este libro es *bereshit*, que significa *en el principio*. Si verificamos en nuestras Biblias, el primer versículo empieza con las palabras: «En el principio creó Dios los cielos y la tierra». En este libro, Moisés no solo narra el origen del universo, sino también nuestros orígenes como seres humanos. Es importante meditar en la profundidad de sus palabras si queremos conocer a nuestro Creador, el tiempo que le tomó diseñarnos y el propósito por el cual fuimos creados. Al conocer cada uno de estos pormenores, aprenderemos a mirarnos a través de los ojos de nuestro Creador.

Me imagino a Dios como aquel pintor frente al lienzo diseñando cada detalle, dejando aflorar toda su creatividad y amor en medio de cada pincelada. Después de cinco días de arduo trabajo; después de haber creado con su Palabra los cielos, la tierra, el día y la noche, el mar, las plantas, el sol, la luna y las estrellas, los peces, las aves y todos los animales, parecería estar todo completo, la perfección en su máximo nivel. Y es que hasta ahora su creación nos deja sin aliento. David lo sabía muy bien cuando dijo: «Los cielos cuentan la gloria de Dios, y el firmamento anuncia la obra de sus manos. Un día emite palabra a otro día, y una noche a otra noche declara sabiduría» (Salmos 19, 1-2). Sin embargo, para Él no estaba completa su creación. Faltaba algo más y fue en ese momento, en el sexto día, cuando se registró su voz diciendo: «hagamos al hombre a nuestra imagen, conforme a nuestra semejanza... Y creó Dios al hombre a su imagen, a imagen de Dios lo creó; varón y hembra los creó» (Génesis 1, 26-27). Solo entonces quedó satisfecho con lo que había hecho, a tal punto que en el versículo treinta y uno dice: «y vio Dios todo lo que había hecho, y he aquí que era bueno en gran manera».

No sé si lo has notado anteriormente, pero se puede observar una diferencia en la respuesta de Dios después de haber creado al hombre y a la mujer. Él dijo que todo lo que había hecho era «bueno en gran manera». Si te fijas en los versículos anteriores (v. 10, v. 12, v. 18, v. 21 y v. 25), cuando se refiere a la creación del mar, la tierra, las plantas, el día y la noche, estos concluyen con las palabras «y vio Dios que era bueno». Vio algo diferente después de haber creado al ser humano: vio su obra concluida y por eso fue «bueno en gran manera». Con el hombre y la mujer había finalizado y completado su obra maestra.

Toda creación, ya sean obras de arte, cuadros, esculturas, tienen la capacidad de reflejar características de su creador; así también lo hace la creación de Dios. Pablo lo menciona en su carta a los romanos: «porque desde la creación del mundo las cualidades invisibles de Dios, es decir, su eterno poder y su naturaleza divina, se perciben claramente a través de lo que él creó» (Romanos 1, 20, NVI). Toda la creación, sin excepción alguna, revela sus cualidades; y el ser humano lo hace con un sentido especial, ya que fue creado a su imagen y semejanza. ¡Imagen y semejanza! ¿Qué quiso decir Dios cuando expresó «hagamos al hombre a nuestra imagen, conforme a nuestra semejanza»?

La palabra *imagen* proviene del latín *imago* y sugiere una representación visual, hace referencia a la apariencia de algo. Con esto no quiero decir que Dios tenga un cuerpo físico, pero sí que diseñó el nuestro para que pueda realizar algunas de las cosas que Él hace, como hablar, escuchar, ver, sentir, pensar, etc. Por lo tanto, tú y yo fuimos creados como una representación de Él mismo: tenemos su forma, somos su retrato.

Por otro lado, la palabra *semejanza* proviene de los términos en latín *similia* que quiere decir *parecido*, y *anza* que significa *abundancia*. Es decir que tú y yo tenemos un gran parecido con Dios, compartimos ciertas características con Él. Es interesante saber que, cuando el término *semejanza* se utiliza en geometría, hace referencia a dos figuras que comparten la misma proporción pero que son diferentes en cuanto al tamaño. Si aplicamos esta definición a nuestra semejanza con Dios, podríamos decir que en esencia tenemos su misma proporción: tenemos una relación de correspondencia con Él.

Es conmovedor pensar que nos creó con tanto amor que nos hizo parecidos a Él: plasmó en nosotros su figura, quiso que portáramos su imagen. Ni siquiera los ángeles fueron diseñados de esta manera. El autor de Hebreos señala que «los ángeles son solamente espíritus que sirven a Dios, y él los envía para ayudar a toda la gente que Dios habrá de salvar» (Hebreos 1,

14). ¡Qué maravilloso saber que, de todo aquello que fue creado, nos escogió a nosotros para ser portadores de su imagen y además puso a sus ángeles para que nos ayudaran!

Como portadores de su imagen, Dios nos dio una personalidad, unos pensamientos, unas emociones, una voluntad, la capacidad de distinguir entre lo bueno y lo malo, y un espíritu apto para estar conectado con Él; además de un cuerpo físico que, si observamos detenidamente su funcionamiento, no podremos ver otra cosa que el reflejo de su grandeza y perfección. Como lo mencionó Spurgeon: «no tenemos por qué ir a los confines de la tierra para ver maravillas, ni aun hemos de cruzar el umbral de nuestra casa; abundan en nuestros propios cuerpos» (p. 695). Nuestros cuerpos reflejan de tal manera a nuestro Creador que incluso lleva a aquellos que lo examinan a reconocer que un ser superior está detrás de su creación:

> Los que eran hábiles en anatomía entre los antiguos, llegaron a la conclusión, por constitución externa e interna del cuerpo humano, que era la obra de un ser trascendente sabio y poderoso. Galeno se convirtió mediante sus disecciones, y no pudo por menos que confesar a un Ser Supremo como resultado del examen de esta su obra de arte (Spurgeon, p. 695).

Basta con observar nuestros cuerpos para detallar cada uno de los atributos de nuestro Creador. Nadie sobre la faz de la tierra tuvo, tiene, ni tendrá la capacidad de crear algo parecido, donde cada parte está articulada de manera perfecta sin que dependa de nosotros su funcionamiento. ¿O acaso habrá alguien que le pueda ordenar a su corazón detenerse? ¿O, por el contrario, pedirle que siga latiendo? Definitivamente no. Es Dios quien orquesta todo el funcionamiento. Por supuesto que eso no nos excluye de la responsabilidad de mantener en buen estado nuestro cuerpo y ser buenos administradores de lo que Él nos ha dado.

Reflexionar en todo esto produce un profundo agradecimiento hacia nuestro Creador porque, en medio de su grandeza, se detuvo a pensar en nosotros. Se tomó el tiempo para diseñar cada detalle y lo hizo todo perfecto, «bueno en gran manera». El rey David lo tenía muy presente. Por eso, en uno de sus salmos, expresa:

> Dios mío, tú fuiste quien me formó en el vientre de mi madre. Tú fuiste quien formó cada parte de mi cuerpo. Soy una creación maravillosa, y por eso te doy gracias. Todo lo que haces es maravilloso, ¡de eso estoy bien seguro! Tú viste cuando mi cuerpo fue cobrando forma en las profundidades de la tierra; ¡aún no había vivido un solo día, cuando tú ya habías decidido cuánto tiempo viviría! ¡Lo habías anotado en tu libro! (Salmo 139, 13-16, TLA).

Todo lo que creó es maravilloso y eso te incluye. ¡Eres una creación maravillosa! En definitiva, nuestro Creador no comete errores. Somos una creación maravillosa solo porque el Rey del Universo nos hizo y eso es algo que siempre debemos tener presente, sobre todo cuando empezamos a cuestionar o a quejarnos por ciertos rasgos de nuestro aspecto físico con los cuales no estamos conformes o que no se adaptan al patrón de belleza que nuestra sociedad nos ha impuesto. Como diría Max Lucado (2018): «todos los seres humanos son idea de Dios. Y él no tiene malas ideas» (p. 24). No permitas que los esquemas de nuestra sociedad te hagan dudar de que eres una creación maravillosa. El solo hecho de saber que fuimos creados a su imagen y semejanza tiene el poder de cambiar la forma en la que nos vemos a nosotros mismos. No somos el producto de un accidente ni mucho menos una casualidad: tú y yo fuimos diseñados por Él y todo lo que somos, absolutamente todo, espíritu, alma y cuerpo, reflejan sus innumerables atributos, omnipotencia, perfección, grandeza y mucho más. No lo olvides, ¡tú eres su retrato!

II

UNA NUEVA VESTIDURA

*Vestíos del nuevo hombre, creado según Dios en la justicia y
santidad de la verdad.*
Efesios 4, 24

Cuando visitamos una galería de arte, podemos observar que cada cuadro lleva la firma del autor como un sello de pertenencia. Existe gente muy hábil que puede replicar estas obras de arte y, aparentemente, si se observa de manera rápida, es muy probable que no se encuentren grandes diferencias con la obra original. No obstante, sabremos que no pertenece al autor debido a que no lleva su firma, su sello de pertenencia y, por más que tenga un gran parecido, el autor nunca reconocerá esa obra como suya.

Hemos escuchado en varias ocasiones sobre la caída del ser humano en el Jardín del Edén. Después de que todo marchaba a la perfección, llegó el día en que Adán y Eva cayeron en la tentación: queriendo ser iguales a Dios, desconfiaron de lo que Él les había dicho.

Aquello que Dios había creado, que era «bueno en gran manera», fue manchado por el pecado. Esto trajo grandes consecuencias para Adán y Eva en todo nivel y afectó, sobre todo, la relación que tenían con Él. En Génesis 3, 8, podemos observarlo: «cuando soplaba la brisa fresca de la tarde, el hombre y su esposa oyeron al Señor Dios caminando por el huerto. Así que se escondieron del Señor Dios entre los árboles». Adán y Eva se escondieron de su Creador ya que no estaban disfrutando de su presencia como lo hacían antes. Ahora tenían miedo y vergüenza de estar desnudos, y empezaron a buscar culpables de lo que había sucedido.

Dios se dirigió a Adán y le preguntó por lo ocurrido, no porque no supiera lo que había pasado, sino porque estaba abriendo una puerta a la confesión, al arrepentimiento. No obstante, la respuesta de Adán frente a su pregunta fue: «la mujer que tú me diste». Eva, por su parte, contestó: «la serpiente me engañó». ¿Te fijaste? Ninguno de los dos asume su responsabilidad ni le piden perdón a Dios por su falta, sino todo lo contrario: habían intentado solucionarlo con sus propias manos, cubriendo su desnudez con hojas, pero eso no fue suficiente.

No sé si esta historia te suena familiar, pero en ella podemos observar la tendencia que tenemos como seres humanos de querer solucionar todo con nuestras propias manos. En lugar de acercarnos a Dios para ser restaurados, pretendemos escondernos o huir de él.

Es lamentable, pero debemos tener presente que las consecuencias del pecado de Adán y Eva nos atañen a nosotros también. Pablo, en su carta a los romanos, menciona que «por el pecado de Adán, la muerte reina en el mundo..., por la transgresión de uno vino la condenación a todos los hombres..., por la desobediencia de un hombre los muchos fueron constituidos pecadores» (Romanos 5, 17-19). Es decir, todos somos pecadores sin excepción alguna. Pablo insiste en el tema: «no hay justo, ni aun uno» (Romanos 3, 10), «por cuanto todos pecaron, y están destituidos de la gloria de Dios» (Romanos 3, 23). En estos versos podemos observar con claridad la dimensión del problema: nuestro pecado nos separa de la gloria de Dios.

Pero hay una buena noticia y es que la historia de Adán y Eva no queda ahí. A pesar de la actitud que ellos tuvieron, Él interviene y decide hacerles túnicas de pieles para cubrir su desnudez; no esperó que ellos se lo pidieran, solo les ofreció las túnicas y los vistió. ¡Cuánto amor! Cabe señalar que esto no se trata puramente del tema de las vestiduras, de lo externo, sino del perdón que recibieron. Para que esto se efectuara, antes tuvo que haber un sacrificio porque sus vestiduras fueron hechas de la piel de un animal. En Hebreos 9, 22 (NTV), dice: «según la ley de Moisés, casi todo se purificaba con sangre porque sin derramamiento de sangre no hay perdón». Con las vestiduras que Dios ofreció a Adán y Eva, no solo cubrió su desnudez, sino su pecado.

Adán y Eva, gracias a lo que Él hizo por ellos, fueron redimidos, perdonados; vestidos con una nueva vestidura, la vestidura de Dios. Fue su provisión lo que permitió la restauración. ¡Eso es gracia! Podemos mirar claramente en esta escena su plan redentor para la humanidad a través de un sacrificio.

Al igual que con Adán y Eva, Dios nos muestra su gracia y no deja que su obra se eche a perder por el pecado. La salvación, el perdón de los pecados, es un regalo gratuito de Dios para la humanidad. Charles Swindoll (2013) nos dice: «el énfasis no se encuentra en lo que nosotros hacemos para Dios; por el contrario, la clave está en lo que Dios ha hecho por nosotros» (p. 35). Así como proveyó una nueva vestidura para Adán y Eva mediante el sacrificio de un animal, a nosotros nos ha ofrecido una nueva vestidura a través del sacrificio en la cruz de su propio hijo, Cristo Jesús.

Pablo nos dice que «Dios muestra su amor para con nosotros, en que siendo aún pecadores, Cristo murió por nosotros» (Romanos 5, 8). Dios no se ha dado por vencido: quiere restaurar su obra y deshacer las manchas que el pecado nos ha dejado. Debemos decidir si aceptamos o no ese regalo, teniendo en cuenta que no es algo que nos hemos ganado, sino que nos fue dado por su gracia, su favor y su amor. En su carta a los romanos, Pablo recalca que:

Por medio de Jesucristo, nosotros reinaremos en la nueva vida, pues Dios nos ama y nos ha aceptado, sin pedirnos nada a cambio... gracias a Jesucristo, que murió por nosotros, Dios nos declara inocentes y nos da la vida eterna... por la obediencia de Jesús, Dios declaró inocentes a muchos (Romanos 5, 17-19).

Podemos ver con claridad el amor de Dios reflejado en su obra redentora. Así como por Adán y Eva todos resultamos pecadores, por medio del sacrificio de Cristo en la cruz todos los que lo aceptamos y creemos en Él somos declarados inocentes. Es un acto de fe que no solo nos declara como inocentes: su amor va más allá y nos adopta como sus hijos. Por eso Juan declara: «a todos los que creyeron en él y lo recibieron, les dio el derecho de llegar a ser hijos de Dios» (Juan 1, 12). Él no se conformó solamente con habernos creado, también quiso que fuésemos sus hijos porque deseaba que llevásemos su firma en nuestro corazón, su sello de pertenencia.

Cabe señalar que ese sello de pertenencia es el Espíritu Santo, Pablo lo menciona en varias de sus cartas: «Y ahora ustedes, los gentiles, también han oído la verdad, la Buena Noticia de que Dios los salva. Además, cuando creyeron en Cristo, Dios los identificó como suyos al darles el Espíritu Santo, el cual había prometido tiempo atrás» (Efesios 1, 13, NTV), «y nos identificó como suyos al poner al Espíritu Santo en nuestro corazón como un anticipo que garantiza todo lo que él nos prometió» (2, Corintios 1, 22). Es decir que aquellos que aceptamos el regalo de Dios, mediante el sacrificio de Cristo Jesús, podemos estar seguros que llevamos su sello de pertenencia que nos declara como sus hijos. Pasamos de ser una creación a ser sus hijos y Él promete que nadie nos arrebatará de sus manos (Juan 10, 28).

Pablo nos invita a acercarnos a Dios con confianza al recordarnos que no hemos recibido un espíritu «que de nuevo los esclavice al miedo, sino el Espíritu que los adopta como hijos y les permite clamar: "¡Abba! ¡Padre!"» (Romanos 8, 15, NVI). ¡Su Espíritu nos capacita para llamar al Creador de todo cuanto existe *Padre*!

No permitamos que nuestro pecado nos mantenga separados de Dios. Charles Swindoll (2013) dice que «la gracia anula la culpabilidad. Deja a la vergüenza sin poder. Algunos de los que leen estas líneas son mejores estudiantes de lo que han hecho erróneamente, que de lo que Dios quiere hacer con ellos» (p. 230). Que su gracia nos envuelva y nos acerque a Él, que nos revele lo que Él quiere hacer en nuestras vidas. Llevemos la nueva vestidura que nos ofrece y disfrutemos de su presencia en todo momento. ¡Somos sus hijos!

III

JACOB, HACIENDO HONOR A SU NOMBRE

Esaú dijo:
—¡Con razón se llama Jacob, pues es un tramposo!
Génesis 27, 36a

La concepción de un hijo llena de expectativas a los padres, mucho más si este niño o niña ha sido deseado con anterioridad. Varias personas piensan en el nombre de sus hijos incluso antes de tener una pareja. No obstante, alrededor del mundo, existen miles de parejas que se han visto imposibilitadas de disfrutar de esta experiencia.

Este es el caso de Rebeca e Isaac. En el Génesis, se nos cuenta que ellos no podían tener hijos. Sin embargo, Isaac oró por Rebeca para que pudiera concebir: «entonces Dios atendió a sus ruegos, y Rebeca quedó embarazada» (Génesis 25, 21b). Podemos llegar a pensar que la respuesta de Dios fue inmediata, pero no fue así: pasaron veinte años antes de que Rebeca quedara embarazada.

Rebeca supo que iba a tener gemelos porque sentía cómo se peleaban en su vientre y decidió preguntarle a Dios: «"Dios mío, ¿por qué me pasa esto a mí?". Y Dios le respondió: "Tus hijos representan dos naciones. Son dos pueblos separados desde antes de nacer. Uno de ellos será más fuerte, y el otro será más débil, pero el mayor servirá al menor"» (Génesis 25, 22b-23, TLA). Él responde de manera clara a Rebeca y le permite vislumbrar el plan que tenía para sus hijos. Pablo esclarece este tema y nos dice:

Dios eligió solo a uno de ellos para formar su pueblo. Antes de nacer, ninguno de los niños había hecho nada, ni bueno ni malo. Sin embargo, Dios le dijo a Rebeca que el mayor serviría al menor. Con esto Dios demostró que él elige a quien él quiere, de acuerdo con su plan. Así que la elección de Dios no depende de lo que hagamos (Romanos 9, 11-12, TLA).

Podemos observar en este pasaje su soberanía puesta en acción: muchas veces no entendemos sus planes, pero debemos confiar en que su voluntad es «buena, agradable y perfecta» (Romanos 12, 2).

En ocasiones me pregunto: ¿qué tienen en mente los padres cuando escogen el nombre para sus hijos? Algunos pueden escogerlo basado en aquellos personajes que marcaron su vida (como estrellas de cine o cantantes), otros por afecto hacia algún familiar y unos cuantos por el significado del nombre. En el caso de Rebeca e Isaac, fueron las circunstancias del nacimiento de los niños las que determinaron sus nombres: el primero fue nombrado Esaú porque su piel era rojiza y el segundo Jacob ya que nació tomado del talón de su hermano. Cabe señalar que el nombre de Jacob no tenía una connotación muy buena, ya que la idea de que alguien se sujete al tobillo hacía referencia a alguien que hace trampa, que engaña, que es un estafador (Génesis 25, 25-26).

¿Te imaginas que tus propios padres te llamen Estafador o Tramposo? Jacob tuvo que lidiar con eso, como si llevara una marca desde su nacimiento. Desde la Sociología, se emplea el término *estigma*. Goffman (2006) comenta que los griegos usaron este término «para referirse a signos corporales con los cuales se intentaba exhibir algo malo y poco habitual en el estatus moral de quien los presentaba» (p. 11). Por lo general, los portadores eran esclavos, delincuentes o traidores quienes eran evitados en lugares públicos. En la actualidad, «el término *estigma* será utilizado, pues, para hacer referencia a un atributo profundamente desacreditador» (p. 13).

Cabe mencionar que alguien que ha sido estigmatizado tiene la posibilidad de vivir de acuerdo al estigma, haciendo lo que se espera de él o, por el contrario, decidir no hacerlo y conseguir vivir de manera diferente. Goffman (2006) señala que «cuando dicha reparación es posible, a menudo el resultado consiste... en la transformación del yo: alguien que tenía un defecto particular se convierte en alguien que cuenta en su haber con el récord de haber corregido un defecto particular» (p. 20).

La Biblia narra que Jacob le hizo honor a su nombre en algunas ocasiones. Veamos a continuación lo que sucedió: «Esaú llegó a ser un buen cazador y le encantaba estar en el campo. Por eso Isaac lo quería más. Jacob, en cambio, era muy tranquilo y prefería quedarse en casa, por eso Rebeca lo quería más que a Esaú» (Génesis 25, 27-28, TLA). Podemos observar que algo no andaba bien en esta familia: papá y mamá tenían un hijo preferido.

Tiempo después, Jacob persuadió a Esaú para que le diese su primogenitura a cambio de un guiso de lentejas. Esaú aceptó la propuesta, menospreciando así el pacto que Dios hizo con su antepasado Abraham: «haré de ti una nación grande, y te bendeciré; haré famoso tu nombre, y serás una bendición. Bendeciré a los que te bendigan y maldeciré a los que te maldigan; ¡por medio de ti serán bendecidas todas las familias de la tierra!» (Génesis 12, 2-3, NVI). No se trataba solo de despreciar algo material, como la doble porción de la herencia que le correspondía por ser el primogénito, sino del cumplimiento de las promesas de Dios a través de su vida.

Jacob, por su parte, tomó aquello que Él ya le había dicho que era suyo (en el momento que respondió a Rebeca, antes que ellos nacieran) de una forma errada, persuadiendo, engañando, aprovechándose de la situación, haciendo honor a su nombre. No esperó que Dios actuara y cumpliera su Palabra, lo tomó con su propio esfuerzo como aquel que intenta «ayudar a Dios».

Cabe señalar que ese no fue el único engaño que Jacob realizó. Algunos años más tarde, confabulado con su madre, planearon cómo robar la bendición que Isaac había pensado darle a Esaú por ser primogénito:

Rebeca escuchó lo que Isaac le dijo a Esaú, así que cuando Esaú salió a cazar al campo, fue a decirle a Jacob:

—Escucha, hijo mío, acabo de oír a tu padre hablar con tu hermano. Le ha pedido cazar algún animal y prepararle un plato de comida, para darle su bendición especial. Así que escúchame bien, y haz todo lo que te voy a decir. Ve a donde está el rebaño y tráeme dos de los mejores cabritos. Yo sé bien lo que a tu padre le gusta comer y se lo voy a preparar. Luego tú se lo llevarás para que se lo coma y así te dará su bendición especial antes de morir.

Jacob le dijo a su madre:

—Pero mi hermano Esaú tiene pelo en todo el cuerpo y yo no. Si mi padre me llega a tocar, va a creer que me estoy burlando de él. ¡Y en vez de bendecirme, me maldecirá!

Su madre le respondió:

—Hijo mío, haz lo que te digo. Tú tráeme los cabritos, y si tu padre te maldice, ¡que caiga sobre mí la maldición!

Jacob fue por los cabritos y se los llevó a su madre. Ella preparó un plato bien sabroso, tal como le gustaba a Isaac. Enseguida fue y tomó las mejores ropas que Esaú tenía y se las puso a Jacob. Luego, con la piel de los cabritos, le cubrió a Jacob las manos y el cuello. Finalmente, le entregó a Jacob el plato de comida y el pan que había hecho. Entonces, Jacob fue a presentarse ante su padre y le dijo:

—Padre mío, ¿puedo pasar?

—Adelante —respondió Isaac—. ¿Cuál de mis dos hijos eres tú?

—Soy Esaú, tu hijo mayor —contestó Jacob—. Ya hice lo que me pediste. Levántate y ven a comer de lo que maté para que me des tu bendición.

Pero Isaac le preguntó:

—¿Y cómo es que cazaste un animal tan pronto?

—Es que tu Dios me lo puso enfrente —respondió Jacob.

Entonces, Isaac le dijo:

—Acércate, hijo mío, para que pueda tocarte. Quiero estar seguro de que eres mi hijo Esaú.

Jacob se acercó a su padre quien, después de tocarlo, le preguntó:

—¿Eres realmente mi hijo Esaú? Tus brazos son los de Esaú, pero tu voz es la de Jacob.

—¡Claro que soy Esaú! —respondió Jacob.

Pero Isaac no reconoció a Jacob porque sus brazos tenían pelos como los de Esaú. Entonces Isaac dijo:

—Hijo mío, tráeme del animal que cazaste para que lo coma y te dé mi bendición especial.

Jacob le llevó el plato e Isaac comió; también le llevó vino e Isaac bebió. Después de comer, Isaac le dijo:

—Ahora, hijo mío, acércate y dame un beso.

Jacob se acercó a su padre y lo besó. En cuanto Isaac olió sus ropas, lo bendijo así:

—Hijo mío, tienes el olor
de los campos que Dios bendice.
¡Que Dios te dé mucha lluvia
y una tierra muy fértil!
¡Que te dé mucho trigo
y mucho vino!
¡Que todas las naciones
te sirvan y te respeten!
¡Que tus propios parientes
se inclinen ante ti,
y te reconozcan como su jefe!
¡Malditos sean los que te maldigan!
¡Benditos sean los que te bendigan!

Cuando Isaac terminó de bendecirlo, y Jacob estaba por salir de la tienda de su padre, volvió Esaú del campo. También él preparó un plato de comida muy sabroso, se lo llevó a su padre y le dijo:

—Levántate, padre mío, y ven a comer de lo que maté para que me des tu bendición.

Enseguida, su padre le preguntó:

—¿Y quién eres tú?

—¡Pues soy Esaú, tu hijo mayor! —le respondió él.

Isaac comenzó a temblar de pies a cabeza y dijo:

—Entonces, ¿quién cazó un animal y me lo trajo? Yo comí de su plato antes de que tú llegaras y ya lo he bendecido. ¡Esa bendición no se la puedo quitar!

Al oír Esaú las palabras de su padre, lloró a gritos y, con gran amargura, le dijo a Isaac:

—¡Padre mío, bendíceme también a mí!

Pero Isaac le contestó:

—Ya vino tu hermano y me engañó, por eso le di la bendición que era para ti.

Esaú dijo:

—¡Con razón se llama Jacob, pues es un tramposo! ¡Ya van dos veces que me engaña! No solo me ha quitado mis derechos de hijo mayor, sino que ahora me ha dejado sin mi bendición. ¿No puedes bendecirme a mí también? (Génesis 27, 5-36, TLA).

Esta es una historia verdaderamente dramática, protagonizada ni más ni menos por aquellos hombres y mujeres que Dios había escogido para llevar a cabo su plan de bendecir a todas las familias de la tierra. Como te habrás dado cuenta, ninguno de ellos era perfecto, pero Dios, en su soberanía, los escogió.

En este punto quiero centrarme en Jacob, quien por algún tiempo hizo honor a su nombre. ¿Te fijaste en lo que Esaú dijo de él? «¡Con razón se llama Jacob, pues es un tramposo!». Jacob escogió vivir de acuerdo al estigma que llevaba: hizo exactamente lo que todos esperaban que hiciera una persona que se toma del talón de otra. No solo engañó a su hermano, a su padre, sino que fue capaz de involucrar a Dios en sus engaños sin temor alguno: justificaba así su acción, pensando que estaba cumpliendo con la promesa de Él para su vida.

Por supuesto que esto nos mueve a levantar nuestro dedo acusador y a pensar cómo Jacob fue capaz de hacer todo eso y a cuestionarnos cómo fue posible que Dios escogiera a alguien así. Pero, en este momento, te invito a mirar hacia ti mismo. Es fácil caer en el juego de juzgar a los demás e incluso de cuestionar a Dios porque escoge a ciertas personas que no nos parecen las más apropiadas. Pero, ¿qué me dices de ti?

Es verdad que tal vez nuestros padres no nos pusieron un nombre como el de Jacob. Sin embargo, me pregunto: ¿a qué nombres estamos respondiendo? Hay una gran lista. Creo que, por cada error que cometemos, podemos obtener un nombre: Mentiroso, Engañador, Tramposa, Miedosa, Ineficiente, Impuntual, Ignorante, Fracasado y así podemos continuar con una lista interminable.

Esto me lleva a pensar que tú y yo, al igual que Jacob, muchas veces hacemos honor al nombre que otros nos han puesto o que incluso nosotros mismos nos hemos atribuido. Dejamos que un error nos defina y que mine por completo nuestras vidas. Nos concebimos como incapaces de hacer algo diferente. Goffman (2006) cita las palabras de un hombre que ha sido estigmatizado:

Siempre siento lo mismo con la gente honrada: aunque sean buenos y agradables conmigo, en el fondo ven en mí nada más que a un criminal. Ya es demasiado tarde para cambiar, pero aún siento profundamente que esa es la única forma que tienen de aproximarse, y que son incapaces de aceptarme de otra manera (p. 25).

De manera similar, ¿no crees que en ocasiones pensamos que es demasiado tarde para cambiar? Pero ante esto debemos recordar que para Él nunca es demasiado tarde. Es importante identificar aquellos nombres a los que estamos haciendo honor y entregárselos a Dios. No permitas que esos nombres definan quién eres. Recuerda que todavía estamos a tiempo.

Dios tiene todo el poder para transformarnos y darnos un nuevo nombre a través de su amor y perdón. Podemos continuar nuestra vida como Jacob, pretendiendo estar haciendo las cosas bien, alcanzando con nuestras propias manos los planes de Dios, justificando todo tipo de acciones cuando, en el fondo, sabemos que algo no anda bien; o, por el contrario, podemos decidir confesarle a Dios ese nombre y permitir que Él haga su obra en nosotros.

En Proverbios 28, 13 (NVI), dice que «quien encubre su pecado jamás prospera; quien lo confiesa y lo deja, halla perdón». Somos perdonados cuando le revelamos nuestras faltas y las dejamos en sus manos, no cuando las ocultamos. La confesión tiene que ver con el reconocimiento y la aceptación de aquello que está mal en nuestras vidas. Sin embargo, no es suficiente solo con reconocerlo: es necesario tomar la decisión de entregárselo a Dios y soltarlo, solo así el poder que aquello ejercía sobre nosotros queda anulado. Solamente en Dios podemos encontrar el poder para hacerlo.

Sus oídos siempre están atentos a nosotros. Él quiere darnos una nueva vida, una nueva oportunidad. Está dispuesto a perdonarnos en todo momento. En Jeremías 33, 8 (TLA), dice: «los limpiaré de todas las maldades y pecados que cometieron contra mí, y les perdonaré su rebeldía». David sabía muy bien quién es Dios y por eso mencionó: «Tú, Señor, eres bueno y perdonador; grande es tu amor por todos los que te invocan» (Salmos 86, 5, NVI).

Este es el tiempo de identificar y entregarle a Dios aquellos nombres que nos han estado definiendo; aún no es demasiado tarde para recibir su misericordia y ser transformados por Él. «El Señor, su Dios, es compasivo y misericordioso. Si ustedes se vuelven a Él, jamás los abandonará» (2 Crónicas 30, 9b, NVI). Podemos tener la plena seguridad de que su Palabra se cumple.

IV

Un maravilloso encuentro

Pido, pues, que conozcan ese amor, que es mucho más grande
que todo cuanto podemos conocer, para que lleguen a colmarse
de la plenitud total de Dios.
Efesios 3, 19 (DHH)

Quiero empezar este capítulo describiendo un lugar extraordinario de mi país, Ecuador. Es un conjunto de islas ubicadas en el Océano Pacífico que cuenta con una gran diversidad de especies vegetales y animales. Es un lugar turístico declarado como patrimonio de la humanidad. Tiene un clima cálido y puedes disfrutar de los hermosos paisajes y de la playa. El agua es cristalina, te sentirás como en el paraíso al verte rodeado de todos los animales que ahí habitan. Parece un lugar encantado. Muchas personas lo describen como un paraíso en la Tierra, incluso ha servido de inspiración para algunos escritores.

Sé que podría continuar al describir las Islas Galápagos y permitir que nuestra imaginación nos transporte a este lugar maravilloso, pero esta descripción no puede compararse con el hecho de haber estado ahí y experimentar lo que implica haber tenido una cercanía con este lugar.

Existe una gran diferencia entre conocer intelectualmente un lugar mediante fotografías, libros y descripciones que han realizado otras personas; y otra es haber estado ahí, palpando esa realidad. Si bien es cierto que la información proporcionada nos permitirá tener una noción de cómo es, no nos hará sentir la cercanía ni la familiaridad. El conocimiento intelectual es un conocimiento válido que nos permite imaginar aquello que estamos analizando; pero una vez que lo hayamos experimentado, creo que no lo cambiaríamos por una descripción intelectual.

Me gustaría trasladar esta noción al ámbito espiritual. Varias personas han crecido en familias cristianas o han escuchado hablar de Dios y tienen un conocimiento intelectual de Él. Pero nunca han tenido un encuentro personal. Se han limitado a practicar costumbres o ritos religiosos y a creer que Él solo permanece en las cuatro paredes de un templo. Han visto las manifestaciones de Dios a su alrededor, pero no se han permitido disfrutar de su presencia. Aprendieron sobre un dios mitológico, poco real, de un libro antiguo que no tiene efecto sobre sus vidas. Aceptaron a un Jesús histórico, al buen maestro, pero no han llegado a conocerlo mediante una relación cercana: no han visto su poder sobre sus vidas, no han aceptado el amor incondicional que Él ofrece. Se conformaron con lo que otros decían de Él.

Es muy probable que Jacob haya experimentado esa situación: creció escuchando del Dios de su Padre Isaac, del Dios de Abraham, pero nunca tuvo un acercamiento a ese Dios. Sabía que tenía planes para su vida y quería alcanzarlos por sus propios medios, pero no se había tomado el tiempo para conocer a quien le estaba llamando.

Los engaños de Jacob provocaron el profundo enojo de su hermano Esaú a tal punto que en Génesis 27, 41, dice: «Esaú odiaba a Jacob por haberle quitado la bendición de su padre, y tenía planes de matarlo tan pronto como su padre muriera». Frente a esta situación, Jacob decide emprender la huida. En medio de su huida, ocurre algo maravilloso: Dios se acercó a Jacob mediante un sueño.

Esa noche tuvo un sueño. En ese sueño vio una escalera que llegaba hasta el cielo, y por ella subían y bajaban los ángeles de Dios. Desde la parte más alta de la escalera, Dios le decía: «Yo soy el Dios de Abraham y de Isaac. A ti y a tus descendientes les daré la tierra donde ahora estás acostado. ¡Tus descendientes serán tan numerosos como el polvo de la tierra! Y habitarán todo este gran país. Por ti y por tus descendientes, todos los pueblos de la tierra serán bendecidos. Yo estaré contigo, y no te abandonaré hasta cumplir lo que te he prometido. Te cuidaré por dondequiera que vayas, y te haré volver a esta tierra (Génesis 28, 12-15).

No sé si lo notaste, pero en ningún momento Jacob se arrepintió por lo sucedido anteriormente. Sin embargo, podemos ver a ese Dios amoroso acercándose a él, afirmando las palabras de bendición que Isaac, su padre, le había dado. Prometiéndole que estará con él y que no lo abandonará, que lo cuidará y cumplirá su Palabra en él. Este es el amor incondicional de nuestro Dios que no nos pide nada a cambio: se ofrece a sí mismo, revela su grandeza y sus promesas para nuestra vida. Pero, a cambio, no siempre obtiene una respuesta favorable.

Jacob, al despertar de su sueño, tuvo gran temor: reconoció que la presencia misma de Dios estuvo en ese lugar. Tomó la piedra en la que se recostó, la puso por señal y llamó a ese lugar Betel, que quiere decir *Casa de Dios*. Reconoció su presencia en ese lugar, pero no se interesó en llenarse de Él y conocerlo más.

Por el contrario, Jacob hizo un voto en el que podemos observar algunas condiciones para que el Dios de sus padres pudiera ser el suyo: «Si Dios me acompaña y me cuida en este viaje, y me da comida y ropa, y me hace volver sano y salvo a la casa de mi padre, entonces será mi Dios. Esta piedra que he levantado como una columna marcará el lugar a donde todos vendrán a adorar a Dios, y de todo lo que Dios me dé, le daré la décima parte» (Génesis 28, 20-22).

No sé si te suena familiar el caso de Jacob, pero muchas veces hemos actuado o actuamos como él: reconocemos su presencia, pero no la disfrutamos. No nos permitimos llenarnos de ella. Por el contrario, solo nos dedicamos a ponerle condiciones: si obtengo un nuevo trabajo, me acercaré más a ti; si gano más dinero, oraré más; si me das sanidad, leeré tu Palabra. Hay una lista interminable de condiciones que ponemos para acercarnos a Él o para hacer lo que le agrada.

Desperdiciamos momentos llenos de su presencia preocupándonos por cosas pasajeras, centrados en nosotros mismos, en suplir nuestras necesidades o, mejor dicho, nuestros deseos. Es por eso que Pablo, al orar por los efesios, le pide a Dios que sean capaces de conocer su amor para que así sean llenos de su plenitud. La palabra *conocer* proviene del griego *gnosis* o *ginosko*. Sharon Jaynes (2013) afirma que «esta palabra abarca un nivel de familiaridad muy personal y se utiliza a menudo para describir una relación íntima entre un marido y una esposa. Esta palabra no significa un mero conocimiento intelectual, sino un conocimiento íntimo de corazón» (p. 174). Podemos notar que Pablo no estaba pidiendo que los efesios fuesen al seminario teológico para conocer a Dios: él oraba para que los efesios pudieran tener una relación profunda y cercana con Él y así pudieran llenarse de su plenitud.

Es lamentable, pero estamos tan acostumbrados al activismo en la iglesia que nos perdemos de los momentos gloriosos que están llenos de la presencia de Dios. Leemos su Palabra, pero no pasa de ser un mero conocimiento intelectual. No permitimos que esa Palabra penetre en lo más profundo de nuestra alma y produzca un cambio en nosotros.

Dios nos invita a ir más allá. Nos invita a disfrutar de su presencia, a llenarnos de Él, a caminar todos los días con Él. «La actividad religiosa separada de una íntima relación con Dios es un ritual vacío» (Jaynes, 2013, p. 178). Tengamos cuidado de no confundir un ritual vacío con una verdadera vida espiritual llena de su presencia, donde existe una comunicación bilateral permanente.

Él se revela a nosotros en todo momento, quiere darse a conocer. Observemos si no estamos tan centrados en nosotros mismos que pasamos por alto todas las invitaciones de Dios a la intimidad. Salgamos de nosotros mismos y dirijamos nuestra mirada hacia lo eterno, «fijemos nuestra mirada en Jesús, pues de él procede nuestra fe y él es quien la perfecciona» (Hebreos 12, 2, DHH). Prestemos atención a lo eterno porque todo lo que nos rodea en este mundo es pasajero y tiene su tiempo de expiración.

Cuando levantamos la mirada de nosotros mismos, de nuestras circunstancias, de nuestras limitaciones, somos libres para poder sumergirnos en su presencia, libres para llenarnos de Él y caminar en intimidad, en comunión. Sharon Jaynes (2013) menciona que «hay tesoros en la profundidad que están esperando ser descubiertos por aquellos que desean dejar la superficie y zambullirse en la presencia acogedora de Dios» (p. 26). No nos conformemos con lo que otras personas nos cuentan de Él: aceptemos su invitación a la profundidad, a la cercanía, a la intimidad. En Dios, nuestro corazón y nuestra vida entera están seguros y protegidos. Él es el único que permanecerá por siempre a nuestro lado, sin importar las circunstancias por la que estemos atravesando. Sin importar el día o la hora, podemos acercarnos con la confianza de ser recibidos. Dios siempre tiene tiempo para sus hijos.

V

Ríos en el desierto

Entre los cerros desiertos, y entre los áridos valles, haré que broten ríos, arroyos y manantiales. En los lugares más secos plantaré toda clase de árboles.
Isaías 41, 18-19 (TLA)

Pedro es un hombre dedicado a sus negocios, siempre está bien vestido y perfumado. Las personas que lo rodean lo describen como un hombre exitoso y muchos quisieran ser como él. Su día empieza muy temprano con un desayuno nutritivo y su rutina de ejercicios. Es el primero en llegar a la oficina y el último en salir de ella. En el último año, sus ganancias se duplicaron. Es un hombre exigente consigo mismo y con sus colaboradores: siempre les anima a dar lo mejor de sí mismos y a no escatimar el tiempo invertido si de verdad quieren lograr el éxito.

La gran mayoría quedan deslumbrados por su presencia y su capacidad de liderazgo. Se sienten inspirados al ver todo lo que ha logrado: ¿quién no quisiera tener éxito en los negocios, vivir en una gran casa, conducir un auto último modelo, viajar por el mundo y comer en los mejores restaurantes?

No obstante, nadie se imagina que detrás de su sonrisa, elegancia, éxito y posesiones hay un hombre deshecho, inseguro y desesperanzado, que se siente solo y todavía se culpa por la ruptura de su matrimonio. Nadie conoce que, por las noches, la soledad lo invade y no puede conciliar el sueño, que su nivel de exigencia le genera grandes crisis de ansiedad. Pedro está convencido de que nadie puede conocer ese lado porque lo señalarán y su éxito se vendría abajo. Cree que a todos les agrada el Pedro exitoso; ni siquiera se atreve a mencionar algo sobre el Pedro solitario, cansado y sin ánimo de continuar.

Teme que la gente descubra que llora por la ausencia de su esposa e hijos. A veces piensa que ellos eran los únicos que lo conocían y, a pesar de eso, lo amaban. Sin embargo, prevaleció en él la idea de que, para alcanzar el éxito, se deben sacrificar muchas cosas, entre ellas su propia familia. Pedro decidió continuar con aquello que le hacía «feliz» y le otorgaba gran satisfacción.

Cada mañana es como si se preparase para entrar a un gran escenario: se coloca su traje, toma su máscara y empieza la función. Una función de gran éxito pues todos los que le rodean se han creído el papel que él representa. Nadie se atrevería a dudar de su felicidad y satisfacción, por eso se ha ganado la admiración de muchos.

Me pregunto: ¿cuántos de nosotros estamos en la situación de Pedro? Que si bien es cierto es un personaje ficticio, permite plasmar una historia real y muy común a nuestro alrededor. Quizás no con características exactamente iguales, pero todos poseemos una máscara con la cual mostramos a la sociedad aquello que demanda de nosotros.

Carl Gustav Jung, precursor de la Psicología Analítica, hace mención a este fenómeno y llama a esta máscara *la persona*. Lo describe como un arquetipo que todos poseemos. Este término no hacía mención en el teatro, en la antigua Grecia, a la máscara que usaban los actores para representar el papel que les había sido asignado. Muchas veces, esta máscara se confunde con quién es en realidad el sujeto que la posee. Por lo general, definimos a las personas por aquello que muestran, pero deberíamos ir más allá y preguntarnos: ¿quiénes son realmente los que están detrás de la máscara?

No obstante, este arquetipo también se nos presenta como una necesidad, ya que en cierto sentido es adaptativo y nos permite socializar. Todos sabemos que a una entrevista de trabajo no podemos acudir en pijamas, podemos observar cómo las personas no tienen el mismo comportamiento en un estadio que en un seminario o congreso. Es, en este sentido, que la máscara (*la persona*) nos permite adaptarnos al medio que nos rodea.

La *máscara* o *persona* se puede volver un conflicto cuando creemos que somos aquello que mostramos a los demás; cuando no podemos mostrarnos tal como somos; cuando nuestra profesión, trabajo o rol que desempeñamos en la familia definen lo que somos. No sé si se han encontrado con personas que se disgustan cuando alguien no les llama por el título que adquirieron en la universidad (doctor, ingeniero, licenciado...), como si fuera una ofensa omitirlo. Esto denota que ha habido una autoidentificación con el papel que desempeñan. No son conscientes del peligro de vivir de una manera artificial.

Esto le sucedió a nuestro personaje, Pedro: se identificó con el empresario exitoso, con una vida de aparente satisfacción. No había espacio para afrontar la soledad y todos los sentimientos que esta conlleva, o para tomar un descanso y replantearse el nivel de autoexigencia. Para Pedro, representaba un fracaso demostrar sus verdaderos sentimientos, incluso con las personas más cercanas.

Quiero volver a la Biblia y observar lo que le sucedió a Jacob. Pasaron muchos años antes de que Jacob se separara de su suegro Lot. Jacob se había casado dos veces, tenía once hijos y una hija. Dios le había dado mucho más de lo que él había imaginado y era el momento de volver a la tierra de su padre. Sin embargo, para que esto sucediese, Jacob tenía que enfrentar algo que había dejado pendiente por mucho tiempo, algo que seguro había querido olvidar y seguir evadiendo: Jacob temía encontrarse con su hermano Esaú, aquel que había prometido matarlo. Las viejas heridas saliendo a flote. En Génesis 32, 3-5 (NVT), nos dice que cuando llegó ese momento:

Jacob envió mensajeros por delante a su hermano Esaú, quien vivía en la región de Seir, en la tierra de Edom. Y les dijo: «Den este mensaje a mi señor Esaú: «Humildes saludos de tu siervo Jacob. Hasta el momento, estuve viviendo con el tío Labán, y ahora soy dueño de ganado, burros, rebaños de ovejas y de cabras, y muchos siervos, tanto varones como mujeres. He enviado a estos mensajeros por delante para informar a mi señor de mi llegada, con la esperanza de que me recibas con bondad».

¿Notaste el mensaje que envió Jacob a Esaú? Estaba lleno de temor y se presentó ante su hermano como un hombre exitoso que tenía grandes posesiones. ¡Pretendía sorprender a Esaú con su riqueza y ganarse su favor!

Es lamentable, pero Esaú sabía perfectamente quién era Jacob, el Engañador, ¿lo recuerdan? Sin embargo, Jacob insistió en presentarse con la máscara de hombre exitoso y adinerado para ablandar el corazón de su hermano.

Por su parte, los siervos de Jacob no le trajeron muy buenas noticias: «Nos encontramos con su hermano Esaú y ya viene en camino a su encuentro, ¡con un ejército de cuatrocientos hombres!» (Génesis 32, 6, NVT). Esta noticia agudizó el temor en Jacob y se imaginó lo peor. Quizás vinieron a su mente las palabras de su madre cuando le dijo que Esaú se había propuesto matarle. Jacob estaba aterrado y se propuso un plan de dividir a toda su gente y posesiones en dos grupos: si Esaú atacaba al primero, el segundo tendría oportunidad para escapar. Es en ese momento que se acordó de Dios y de sus promesas:

Entonces Jacob oró: «Oh Dios de mi abuelo Abraham y Dios de mi padre Isaac; oh Señor, tú me dijiste: «Regresa a tu tierra y a tus parientes». Y me prometiste: «Te trataré con bondad». No soy digno de todo el amor inagotable y de la fidelidad que has mostrado a mí, tu siervo. Cuando salí de mi hogar y crucé el río Jordán, no poseía más que mi bastón, ¡pero ahora todos los de mi casa ocupan dos grandes campamentos! Oh Señor, te ruego que me rescates de la mano de mi hermano Esaú. Tengo miedo de que venga para atacarme a mí y también a mis esposas y a mis hijos. Pero tú me prometiste: «Ciertamente te trataré con bondad y multiplicaré tus descendientes hasta que lleguen a ser tan numerosos como la arena a la orilla del mar, imposibles de contar» (Génesis 32, 9-12, NVT).

Jacob, en medio de su gran temor, apeló a las promesas que Dios le había hecho. Recordó sus palabras y reconoció algo muy importante, algo que nunca antes mencionó: «No soy digno de todo el amor inagotable y de la fidelidad que has mostrado a mí, tu siervo». En ese momento de turbación, recordó su fidelidad, reconoció el miedo que sentía y le pidió a Dios que lo rescatase. Se encendió una luz en su corazón, se quitó su máscara ante Él y reconoció que es por la fidelidad de Dios que ha alcanzado todo lo que tiene. Esa noche, increíblemente, logró descansar.

No obstante, al día siguiente, Jacob intervino y llevó a cabo su plan. Envió los regalos a Esaú, pensando: «Intentaré apaciguarlo enviando regalos antes de mi llegada, y cuando me encuentre con él en persona, quizá me reciba con bondad» (Génesis 32, 20). Podemos observar que, a pesar de que la oración de Jacob fue profunda y reconoció el amor inmerecido de Dios, decidió actuar por su cuenta. No esperó que Él interviniera: llevó a cabo su plan, intentando comprar el favor de Esaú. La oración del día anterior fue una oración de auxilio. Tranquilizó su agitado corazón, pero no se permitió ver a Dios obrar sin que sus planes intervinieran. Así que los siervos de Jacob hicieron todo lo que les pidió. Los planes del exitoso, adinerado y valiente Jacob se estaban llevando a cabo.

Si bien es cierto que muchas personas pueden llegar a creer que somos aquello que mostramos en sociedad, no obstante, hay alguien a quien no podemos engañar y ese alguien es Dios. David lo tenía muy presente cuando escribió:

Señor, tú me has examinado y me conoces; tú conoces todas mis acciones; aun de lejos te das cuenta de lo que pienso. Sabes todas mis andanzas, ¡sabes todo lo que hago! Aún no tengo la palabra en la lengua, y tú, Señor, ya la conoces (Salmos 139, 1-4, DHH).

Nada hay oculto delante de sus ojos: Él nos conoce de verdad, sabe lo que pensamos a pesar de que no se lo digamos.

Dios nos invita a acercarnos y a dejar de lado nuestras máscaras, nos invita a entregarle aquellas viejas heridas que no han sido sanadas. Él nunca forzará a nadie para que se acerque y confíe. En muchas ocasiones, tal y como lo hizo Jacob, acudimos a Él solo en la emergencia y, después de recibir paz, continuamos con nuestros planes.

Aprendamos a acudir a Dios en todo momento, pues en Él se encuentra la verdadera sanidad y libertad para nuestra alma. Dios no se asustará de lo que puede encontrar detrás de esa máscara que llevas puesta, tampoco te juzgará. Él, más que nadie, desea nuestra completa restauración y anhela mantener con nosotros una relación de autenticidad sin que mantengamos áreas ocultas en nuestras vidas.

En Isaías 43, 18-19 (DHH), encontramos una dulce invitación: «Ya no recuerdes el ayer, no pienses más en cosas del pasado. Yo voy a hacer algo nuevo, y verás que ahora mismo va a aparecer. Voy a abrir un camino en el desierto y ríos en la tierra estéril». Él no nos está pidiendo negar aquello que nos hirió, sino a ya no recordarlo más; que no se vuelva un pensamiento rumiante que atormenta. Nos está invitando a ver las cosas nuevas que Él está haciendo. Nos asegura abrir un camino donde antes no lo había. Cuando nos relacionamos con Él, veremos brotar ríos en aquellas áreas de nuestra vida que estaban estériles. A través de Jesús, Dios nos ofrece una vida nueva en donde fluye un río, y ese río es su propio Espíritu habitando en nosotros: «el que cree en mí, como dice la Escritura, de su interior correrán ríos de agua viva» (Juan 7, 38).

Mientras no nos atrevamos a creer en lo que Jesús hizo y puede hacer en y por nosotros, nuestra alma será árida como un desierto estéril. Cuando nos acercamos y rendimos a Dios, nuestro verdadero yo, nuestra alma, podrá ser como un valle bien regado y llegar a producir mucho fruto. «Entre los cerros desiertos, y entre los áridos valles, haré que broten ríos, arroyos y manantiales. En los lugares más secos plantaré toda clase de árboles» (Isaías 41, 18-19, TLA). Solo Él tiene el poder para hacer germinar en nuestra vida nuevos frutos.

Así como le sucedió a Jacob, muchas veces en nuestro interior se levanta una gran tormenta: temores y viejas heridas que pretendemos negar que están ahí. Buscamos maquillarlas y hacer como si nada sucediera. Acudimos a nuestras máscaras una y otra vez con tal de que nadie se dé cuenta de la tormenta que batallamos. El salmista nos recuerda cómo el pueblo acudió a Dios en búsqueda de liberación:

Llenos de angustia, oraron a Dios, y él los sacó de su aflicción; calmó la furia de la tormenta, y aplacó las olas del mar. Cuando se calmó la tormenta, ellos se pusieron muy contentos y Dios los llevó a su destino. ¡Demos gracias a Dios por su amor, por todo lo que ha hecho en favor nuestro! (Salmos 107, 28-31, TLA).

Dios tiene el poder de calmar nuestras tormentas, de aplacar las grandes olas que se levantan. Acudamos a Él sin temor, permitamos que Él obre y, en todo momento, démosle gracias por lo que está haciendo y hará. Estoy segura que nos sorprenderá ver todo lo que puede hacer en nosotros. Sharon Jaynes (2013) dice que «las cicatrices de mi pasado (y tu pasado) son algo de lo que no debemos avergonzarnos. Ellas cuentan una historia. Una historia de heridas sanadas por el sanador. Ellas hablan del poder de Jesús obrando en nuestras vidas» (p. 78). ¿Quieres ver el poder de Jesús obrando en tu vida? Preséntale tus heridas y déjate sorprender por lo que hará.

Este es el tiempo de rendir ante Dios aquellas máscaras que se han fijado en nosotros. Permitamos que, con su amor, poder y verdadera aceptación nos libere de vivir una vida artificial y nos guíe hacia una vida plena, llena de autenticidad y verdadera satisfacción en Él, sin el temor de aceptar nuestros errores y debilidades.

VI

UN NUEVO NOMBRE

Dios les dará un nombre nuevo, y serán en la mano de Dios
como la hermosa corona de un rey.
Isaías 62, 2-3

Hay ocasiones en que quisiéramos saltarnos ciertos episodios de nuestra vida, pero parece ser que la vida nos cruza con ellos una y otra vez. Hasta llegamos a creer que es una tortura enfrentarnos a aquello que quisiéramos dejar atrás. Pero es importante reconocer que cuando Él permite esta confrontación no es para herirnos más, sino para que podamos ser restaurados.

Continuando con la historia de Jacob, había quedado pendiente el temido encuentro con su hermano Esaú. Antes de este encuentro, sucedió algo maravilloso, algo que no solo prepararía a Jacob para el encuentro con Esaú, sino que le cambiaría la vida por completo.

La Biblia narra que, antes de cruzar el arroyo, Jacob se quedó completamente solo. Fue en ese momento que llegó un hombre y luchó con Jacob hasta el amanecer. No se trataba de cualquier hombre: era Dios mismo presentándose a Jacob. Por eso, más adelante, Jacob nombra a aquel lugar Peniel porque dijo: «vi a Dios cara a cara, y fue librada mi alma» (Génesis 32, 30). Una vez más, Dios buscó a Jacob, pero no era solo para que reconociera su presencia, sino para restaurar por completo su vida.

En esta lucha, Él ganó, Dios conquistó el corazón de Jacob. Con un solo toque, este hombre dislocó la cadera de Jacob. A pesar de estar herido, Jacob se aferró a él con todas sus fuerzas. Nunca antes había sentido la necesidad de depender solamente de Dios, siempre tuvo un plan B bajo la manga. Ahora, lo único que Jacob deseaba era que Él lo bendijese. Es en ese momento que el hombre le preguntó cuál era su nombre, no porque lo desconociera, sino que había un propósito detrás de esa pregunta: Dios le estaba permitiendo a Jacob reconocer quién era. Estaba frente a Dios sin máscaras, sin nada que ocultar y pronunció su nombre: Jacob, el Engañador.

La respuesta de Dios, frente al reconocimiento de Jacob, fue magnífica: «"Tu nombre ya no será Jacob" —le dijo el hombre—. "De ahora en adelante, serás llamado Israel, porque has luchado con Dios y con los hombres, y has vencido"» (Génesis 32, 28, NTV). ¿Te fijaste en lo que sucedió? ¿Puedes encontrar algún reclamo de parte de Dios? ¿Lo juzgó? ¿Lo condenó? ¡Todo lo contrario! Después de que Jacob reconoció su nombre, Dios le dijo que nunca más sería llamado *El engañador*.

Sharon Jaynes (2008) afirma que «Dios no nos enfrenta a nuestro pecado para condenarnos. Él revela nuestro pecado para traernos al arrepentimiento y al cambio» (p. 136). Él le dio a Jacob un nuevo nombre, uno con un significado que le otorgó una nueva identidad. Una identidad basada en lo que Dios pensaba de Jacob y no en lo que él había hecho. El nombre que Dios le dio a Jacob fue Israel.

> El nombre *Israel* es una palabra compuesta de dos otras palabras: *Sarah* (que significa: *pelear*, *batallar* o *gobernar*) y Él (que significa *Dios*). Algunos entienden el nombre Israel como *El que batalla con Dios* o *El que gobierna con Dios*. Pero, en los nombres hebreos, a veces *Dios* no es el cumplido, sino el sujeto... Así que este principio nos enseña que *Israel* significa *Dios gobierna* (Guzik, 2016).

El nuevo nombre de Jacob era *Dios gobierna*. Él le estaba dando a Jacob un nuevo comienzo, ya no tenía que vivir como *El engañador*; Dios borró ese nombre. Él no estaba definiendo a Jacob por aquello que había hecho a lo largo de su vida, al contrario, lo dirigió a rendirse por completo y a renunciar al aparente control que pretendía tener. El nuevo nombre le dejó en claro a Jacob quién debía gobernar sobre su vida. Le enseñó que no hay mejor gobierno que el de Dios; y que por más que pretendiese huir y alejarse, Él siempre estuvo y estará presente.

Después de esta lucha que parecía interminable, al amanecer, el hombre le dijo a Jacob que debía irse. «Entonces Jacob le preguntó, y dijo: "Declárame ahora tu nombre". Y el varón respondió: "¿Por qué me preguntas por mi nombre?". Y lo bendijo allí» (Génesis 32, 29). El hombre no reveló su nombre a Jacob porque, en el fondo, Jacob sabía muy bien con quién había estado; Él simplemente lo bendijo y se retiró.

Jacob, ahora Israel, reconoció que pudo ver cara a cara a Dios y que su alma fue librada. Este encuentro produjo verdadera libertad en él y dirigió su mirada hacia lo eterno. Le permitió verse a través de los ojos de Dios, reconocer que no estaba apartado de su lado y que Él no lo definía por sus errores.

Continuando con la historia, en el capítulo 33 del libro del Génesis, el autor narra el encuentro de Jacob con Esaú. Dios había preparado a Jacob para este momento. Jacob dirigió su mirada al frente y observó a su hermano Esaú acercarse, acompañado de sus cuatrocientos hombres. Lo único que pudo hacer, mientras Esaú se acercaba, fue inclinarse a tierra siete veces. Para hacer eso, Jacob tuvo que haber dejado atrás su orgullo y esas ideas de ganarse el favor de su hermano con regalos. Por su parte, Esaú tuvo una reacción muy conmovedora: «corrió a su encuentro y le abrazó, y se echó sobre su cuello, y le besó; y lloraron» (Génesis 33, 4).

Cuando Dios interviene en nuestras vidas y le permitimos obrar sin que nuestros planes o ideas se interpongan, suceden cosas como estas. En esta escena, podemos ver fluir el perdón y la gracia: Jacob postrándose, dejando de lado su orgullo y autosuficiencia; Esaú perdonando y ofreciendo gracia, aquello que Jacob no merecía, pero que Esaú no dudó en darle. Cuando Él interviene, a nuestro alrededor no hay más que amor y gracia brotando de aquellos que han decidido rendirse.

Todo el miedo que Jacob tenía se esfumó. Estaba frente a ese pasado tormentoso, frente a aquello que temía enfrentar y lo único que encontró fue la gracia y el perdón. Observa lo que Jacob le dice a Esaú: «verte cara a cara ¡es como ver el rostro de Dios!» (Génesis 33, 10). ¿Por qué Jacob compara este encuentro con mirar a Dios cara a cara? ¿Recuerdas Peniel? ¿Recuerdas a quién vio esa noche Jacob? Miró cara a cara a Dios y ahora compara este encuentro con la experiencia que vivió con Él, porque fue en ese encuentro donde recibió gracia, perdón y un nuevo nombre. Jacob solo recibió amor incondicional y aceptación; Dios no lo juzgó ni tampoco Esaú. Jacob recibió una nueva vida, un nuevo comienzo.

Él cumplió con cada una de sus promesas, y Jacob llegó sano y salvo a la tierra de su padre. Todo esto cambió por completo su vida, a tal punto que construyó un altar: un recordatorio de lo que había sucedido, un recordatorio de la fidelidad de Dios. La Biblia señala que Jacob nombró a ese altar *El-Elohe-Israel* que significa *Dios, el **Dios** de Israel* (Génesis 33, 20). Jacob levantó ese altar como un recordatorio de que ese dios que él miraba como lejano, como el Dios de sus padres, ahora era el suyo: el **Dios** de Israel. Jacob acepta su nuevo nombre e inicia una relación de intimidad con Él.

Dios nunca se da por vencido con nosotros. Aunque no seamos conscientes de su presencia, Él está obrando a nuestro alrededor, en nuestra vida. Está siempre a nuestro lado revelando su esencia: el amor, uno incondicional. Así como Jacob, deberíamos rendirnos por completo, permitir que Dios nos venza y que Él gobierne en nuestras vidas. Estoy segura de que esta es la única lucha en la cual debemos alegrarnos por haber sido derrotados, porque esta derrota traerá un sinnúmero de victorias: sobre el temor, sobre el orgullo, sobre la autosuficiencia, sobre el egoísmo.

Él está dispuesto a acompañarnos a lo largo de nuestro caminar por la Tierra, en todo momento; tanto en los tiempos buenos, como en los más difíciles, en donde hemos perdido toda esperanza y todo se nubla alrededor. En Isaías 62, 2-3, se dice que Dios nos dará un nuevo nombre y que en sus manos seremos como la hermosa corona de un rey. Así es cómo Él nos mira. En sus manos, nuestra vida adquiere un valor inmensurable.

No temas estar a solas pues puede ser un buen momento para mirar a Dios cara a cara, sin máscaras, sin apariencias, sin fingimiento. Él prepara esos encuentros para restaurarnos, para darnos un nuevo nombre y para que podamos ser liberados. Quiere darnos un nuevo comienzo y permanecer con nosotros en el proceso. «No temas, porque yo te redimí; te puse nombre, mío eres tú» (Isaías 43, 1b).

Él sabe que en nuestras vidas hay eventos dolorosos, encuentros que quisiéramos evadir, heridas que evitamos mirar; pero, al igual que con Jacob, quiere prepararnos para que podamos enfrentar aquello. Quiere que recibamos su gracia, su amor, su perdón; desea que aprendamos a vernos como Él nos mira. Que tus errores y tu pasado no te definan.

Él puede escribir una historia diferente en nuestras vidas, en Colosenses 3, 10 (TLA), dice que «en realidad, ustedes son personas nuevas, que cada vez se parecen más a Dios, su creador, y cada vez lo conocen mejor». Este verso nos habla de la restauración: así como restauró a Jacob, lo puede hacer con nosotros. Recordemos el momento de la creación: el hombre y la mujer fueron creados a su imagen y semejanza; sin embargo, el pecado manchó nuestras vidas, pero su plan incluía la restauración a través de Jesús. En 1 Pedro 1, 3 (TLA), dice: «bendito sea el Dios y Padre de nuestro Señor Jesucristo, quien según su gran misericordia, nos ha hecho nacer de nuevo a una esperanza viva, mediante la resurrección de Jesucristo de entre los muertos». Es en Jesús que nosotros podemos tener un nuevo comienzo. En Jesús somos hechos nuevos. Esto no significa que somos o que vamos a ser infalibles, C. S. Lewis (2017) lo describe así:

Un cristiano no es un hombre que nunca hace el mal, sino uno a quien se le ha hecho posible arrepentirse y levantarse y comenzar de nuevo tras cada tropezón, porque la vida de Cristo está dentro de él, reparando todo el tiempo, permitiéndole repetir (hasta cierto punto) la clase de muerte voluntaria que Cristo mismo llevó a cabo (p. 58).

Jesús nos da el poder para levantarnos después de un tropezón. Además, Pedro dice que «Dios utilizó su poder para darnos todo lo que necesitamos, y para que vivamos como él quiere. Dios nos dio todo eso cuando nos hizo conocer a Jesucristo. Por medio de él, nos eligió para que seamos parte de su reino maravilloso» (2 Pedro 1, 3, TLA). A través de Jesucristo, tenemos el poder para vivir como a Él le agrada. No depende de nuestro esfuerzo, depende por completo de la obra de Jesús.

Ten en cuenta que los asuntos sin resolver, las heridas que siguen sangrando, a lo largo del camino, se convierten en un gran peso que arrastramos por donde quiera que vamos. Cargar ese gran peso nos agota, nos limita, nos impide disfrutar de la vida. En Salmos 81, 6-7 (TLA), encontramos estas profundas palabras: «Te he quitado de los hombros la carga que llevabas; ya no tienes que cargar esos ladrillos tan pesados. Cuando estabas angustiado, me llamaste y te libré; te respondí...». Es el tiempo de entregar esas cargas a las manos de Dios y caminar libres. Convirtamos esas heridas en altares, en recordatorios de la fidelidad de Dios, en recordatorios de su gracia y poder sobre nosotros.

Reconocer nuestra debilidad o nuestras heridas frente a Dios nos hace fuertes, porque es ahí donde su gracia se evidencia. Jacob lo experimentó en Peniel. Y, ¿qué me dices de ti? ¿Permitirás que en tu dolor, debilidad, angustia, pasado, enfermedad se evidencie la gracia y el poder de Dios? Recuerda que Él no es un dios lejano: su anhelo es relacionarse contigo, darte una nueva vida. Solo entonces podrás enfrentar los momentos difíciles, no en tus propias fuerzas, sino en su poder.

Pablo también lo experimentó y escribió: «y me ha dicho: "Bástate mi gracia; porque mi poder se perfecciona en la debilidad". Por tanto, de buena gana me gloriaré más bien en mis debilidades, para que repose sobre mí el poder de Cristo» (2 Corintios 12, 9). ¿Quieres ver el poder de Cristo reposar sobre tu vida? Entrégale tus cargas y debilidades, y disfruta de su gracia, descansa en ella.

VII

A TRAVÉS DE LOS OJOS DE DIOS

Miren con cuánto amor nos ama nuestro Padre que nos llama
sus hijos, ¡y eso es lo que somos!
1 Juan 3, 1 (NTV)

En el área de la construcción, una parte fundamental es la cimentación, puesto que son los elementos que soportarán la estructura que se quiere edificar. Sin buenos cimientos, esta estructura no tendrá estabilidad y se puede venir abajo. Nuestra vida es como una edificación: en la infancia se establecen ciertos cimientos y, a lo largo de la vida, estos se van reforzando o modificando. Si nuestros cimientos no son lo suficientemente fuertes, los sismos que se presentan a lo largo de la vida lograrán derribarnos por completo.

Es importante analizar qué es aquello que está definiendo nuestras vidas: ¿es acaso una profesión, un estatus socioeconómico, el reconocimiento de la gente, nuestras posesiones, el rol que desempeñamos en nuestra familia? Somos mucho más que eso. Si nuestra vida está definida por estos aspectos, cuando uno de estos falte o cambie, no sabremos quiénes somos o qué propósito tenemos. Es de suma importancia aprender a mirarnos y a concebirnos a través de los ojos de Dios, ya que Él nos define desde su amor, no por lo que hacemos o dejamos de hacer. Él es nuestro creador y nos conoce profundamente, mejor que nadie en el mundo. No hay nada que se pueda comparar con el hecho de acudir a la fuente y descubrir quiénes somos en Él y por Él.

Dios provee cimientos profundos y estables para edificar nuestra vida con seguridad: «esto dice el Señor Soberano: "¡Miren! Pongo una piedra de cimiento en Jerusalén, una piedra sólida y probada. Es una preciosa piedra principal sobre la cual se puede construir con seguridad. El que crea jamás será sacudido"» (Isaías 28, 16, NTV). Jesús es la roca firme en la que podemos edificar nuestra vida sin temor a que esta sucumba ante las adversidades. Es importante que podamos conocer y apropiarnos de aquello que Dios dice que somos en Él.

En el primer capítulo de la carta de Pablo a los efesios, él detalla cómo Dios nos define mediante la obra de Cristo en nosotros. A continuación, vamos a mirarnos a través de sus ojos:

Somos bendecidos

Pablo dice: «toda la alabanza sea para Dios, el Padre de nuestro Señor Jesucristo, quien nos ha bendecido con toda clase de bendiciones espirituales en los lugares celestiales, porque estamos unidos a Cristo» (Efesios 1, 3, NVT). Dios nos ha colmado de bien, de toda clase de bienes espirituales gracias a Cristo. Esto no quiere decir que Él no nos bendice materialmente, claro que lo hace; pero esas bendiciones no se pueden comparar con las bendiciones espirituales ya que estas no son pasajeras, sino eternas por provenir del cielo.

Las bendiciones espirituales que nos ha dado son mucho más de lo que podemos pedir o merecer; sobrepasan nuestras expectativas. Dios nos ha dado una nueva vida en Cristo: perdón infinito, gracia sin medida y una ayuda eterna que habita en nosotros que es su propio Espíritu. Somos realmente bendecidos por el Padre. Él siempre obrará para nuestro bien como lo indica Romanos 8, 28: «y sabemos que a los que aman a Dios, todas las cosas les ayudan a bien, esto es, a los que conforme a su propósito son llamados». En la versión Nueva Traducción Viviente dice: «Dios hace que todas las cosas cooperen para el bien de quienes lo aman». Si amamos a Dios, podemos estar seguros que todo, absolutamente todo, lo que ocurra en nuestra vida (sea bueno o malo) Él lo usará para nuestro bien, para bendecirnos.

Un ejemplo de esto es la vida de José, quien fue vendido por sus hermanos como esclavo del faraón y después fue encarcelado de manera injusta por una mentira de la esposa de Potifar.

Estoy segura de que por ninguna parte podemos observar que algo bueno pueda surgir de estas situaciones. Sin embargo, en determinado momento, cuando José se vuelve a encontrar con sus hermanos, él declara: «en lo que a mí respecta, Dios convirtió en bien el mal que ustedes quisieron hacerme, y me puso en el alto cargo que ahora desempeño a fin de que salvara la vida de mucha gente» (Génesis 50, 20, NBV). Dios bendijo a José y no permitió que el mal derrumbara su vida. Al contrario, convirtió ese mal en bien y estas bendiciones no solo fueron para José, sino para quienes lo rodeaban.

Tú y yo podemos estar completamente seguros de que somos bendecidos en Cristo y que Dios tiene el poder de transformar el mal o los momentos difíciles en bendiciones. No permitas que tus circunstancias te hagan dudar de que eres siempre bendecido.

Somos amados

«Incluso antes de haber hecho el mundo, Dios nos amó» (Efesios 1, 4a, NVT). Que nada ni nadie nos convenza de lo contrario: Dios nos ha amado incluso antes de que existiéramos. Su amor no depende de lo que hagamos o dejemos de hacer. Su amor es por completo incondicional, no nos pide nada a cambio. En Isaías 54, 10 (TLA) Dios nos dice que «las montañas podrán cambiar de lugar, los cerros podrán venirse abajo, pero mi amor por ti no cambiará. Siempre estaré a tu lado y juntos viviremos en paz». Por lo tanto, puedes tener la certeza de que Él cumple su Palabra. Es muy probable que todo a nuestro alrededor cambie, pero Él ha prometido que su amor por ti y por mí no cambiará, se mantendrá firme. No solo nos promete su amor, sino una vida de paz si la vivimos junto a Él.

En Jeremías 31, 3 (RVR), dice: «con amor eterno te he amado; por tanto, te prolongué mi misericordia». Una de las características de su amor por nosotros es que es eterno: no tuvo un inicio y no tendrá fin. Su amor permanece y es constante; es por eso que su cuidado y favor hacia nosotros se renuevan a diario. Solo el amor de Dios nos puede satisfacer de verdad: nos capacita para responder en reciprocidad al amarle, y nos mueve a amar a quienes nos rodean con la misma calidad de amor que recibimos. El constante fluir del amor de Dios hacia nosotros nos permitirá tener un sano concepto de nosotros mismos; este no será más alto ni estará por debajo de lo que debería.

A lo largo de la historia, podemos observar que Él no se impone a la humanidad, no le obliga a nadie a recibir su amor. Dios nos atrae, nos cautiva, no hay mayor muestra de amor que la que se describe en Juan 3, 16: Dios dio a su único hijo, Jesús, para que podamos tener acceso a la vida eterna a través de Él. Recuerda esta frase de Max Lucado (2018): «eres un diamante, una rosa, y una joya comprados por la sangre de Jesucristo. A los ojos de Dios vale la pena morir por ti» (p. 24). Somos completamente amados por el Creador del Universo, que no se te olvide. Recibe cada día su amor que está a tu disposición y sin límites.

Somos escogidos

En Efesios 1, 4b (NVT), dice: «y nos eligió en Cristo para que seamos santos e intachables a sus ojos». No solo somos amados, sino que fuimos escogidos por Él desde antes de la creación del mundo. Nos escogió porque así le complació hacerlo; no depende de qué tan buenos seamos o de las cosas que podamos hacer para Él.

Esta elección nos debe dar la seguridad de que los propósitos de Dios se cumplirán en nuestras vidas porque no fue una cuestión del azar: fuimos específicamente escogidos por Él. David lo sabía muy bien y tenía esa seguridad. Por eso en Salmos 138, 8 (TLA), afirma: «Dios mío, tú cumplirás en mí todo lo que has pensado hacer. Tu amor por mí no cambia, pues tú mismo me hiciste». No debemos dudar ni un segundo que Él cumplirá sus planes en nuestras vidas. En Jeremías 29, 11 (DHH), Dios mismo lo afirma: «Yo sé los planes que tengo para ustedes, planes para su bienestar y no para su mal, a fin de darles un futuro lleno de esperanza. Yo, el Señor, lo afirmo». Si Él nos ha dado su Palabra, la cumplirá.

Pablo, en Efesios 1, 4, nos habla también del propósito de esta elección y dice que Dios nos escogió para que seamos santos e intachables. Desde nuestra condición como seres humanos, esto resulta imposible; pero, en Cristo, Dios nos ve como santos, apartados para Él, y no ve ninguna mancha en nosotros ya que la sangre de Cristo nos ha limpiado de todo pecado (1 Juan 1, 7). Por lo tanto, nadie puede acusarnos ya que ni Él mismo lo hace. Esto tiene la capacidad de derrotar el peso de la culpa que muchas personas cargan a lo largo de sus vidas. Si Dios nos mira como santos e intachables, caminemos como tales.

Somos sus hijos

«En amor habiéndonos predestinado para ser adoptados hijos suyos por medio de Jesucristo, según el puro afecto de su voluntad» (Efesios 1, 5). Dios no solo se conformó con habernos creado, fue más allá y nos adoptó como hijos suyos. Esto no depende de nosotros o qué tan buenos seamos para ganarnos ese beneficio; depende únicamente de que a Dios le agradó hacerlo así. El hacernos parte de su familia es algo que había decidido de antemano.

En Juan 1, 12-13, dice: «pero a todos los que le recibieron, les dio el derecho de llegar a ser hijos de Dios, (es decir) a los que creen en su nombre». Por consiguiente, todos los que creemos y recibimos a Jesús tenemos el derecho de ser llamados hijos de Dios.

Si alguna vez llegaste a pensar que nunca estuviste en los planes de tus padres o escuchaste decirlo, recuerda que fue Dios quien te planificó. Para Él, tú no eres producto de un descuido, sino fruto de su amor. A Dios le plació crearte y hacerte su hijo. Analicemos cómo era vista la adopción según la ley Romana:

Cuando la adopción se completaba, en verdad se completaba. La persona que había sido adoptada tenía todos los derechos de un hijo legítimo en su nueva familia y por entero perdía todos sus derechos en su antigua familia. A los ojos de la ley esta era una nueva persona. Era hecho nuevo, de tal modo que todas las deudas y obligaciones que le conectaban con su familia anterior eran abolidas, como si nunca existieran (Guzik, 2016).

Precisamente eso es lo que hizo Dios al adoptarnos como sus hijos: nos dio una nueva vida, abolió todo lo que tenía que ver con nuestra antigua manera de vivir.

Si Él nos ve como sus hijos, la relación que debemos cultivar debe ser una de intimidad, de cercanía, porque Él es nuestro Padre. Juan nos llama la atención para que observemos la manera en cómo Dios nos ama: «miren con cuánto amor nos ama nuestro Padre que nos llama sus hijos, ¡y eso es lo que somos!» (1 Juan 3, 1a, NTV). Somos sus hijos amados (Efesios 5, 1), parte de su familia. Aprendamos a relacionarnos, a diario con ese Padre amoroso que está siempre a nuestro lado.

Somos aceptos

«Para alabanza de la gloria de su gracia, con la cual nos hizo aceptos en el Amado» (Efesios 1, 6). Como seres humanos muchas veces nos encontramos divagando de un lugar a otro en búsqueda de aceptación, sin importar el costo que tengamos que pagar con tal de sentirnos aceptados. Sin embargo, no nos damos cuenta que, en algunas ocasiones, la aceptación que recibimos solo es aparente ya que está condicionada por lo que hacemos o dejamos de hacer en favor de otros.

Pero déjame decirte que es posible encontrar una verdadera aceptación: Dios nos ofrece esa posibilidad. El verso que acabamos de leer dice que, por gracia, somos aceptos *en el Amado*. Esto me transporta al río Jordán, cuando Jesús fue bautizado por Juan. Desde los cielos, se escuchó decir a Dios «este es mi Hijo amado, en quien me complazco» (Mateo 3, 17). Esto revela la completa aceptación que Jesús tenía frente al Padre y es por eso que ahora nosotros somos aceptos en Él.

Esta aceptación se da por gracia, es decir que no tenemos que hacer nada para ganarla: el sacrificio de Cristo en la cruz fue suficiente y, por ese motivo, podemos ser aceptos ante Dios a pesar de nuestra imperfección. Por lo tanto, no tenemos que estar buscando su aprobación por nuestros propios medios puesto que ya la tenemos y eso debe darnos seguridad.

Somos redimidos y perdonados

«En quien tenemos redención por su sangre, el perdón de pecados según las riquezas de su gracia» (Efesios 1, 7). Jesús pagó un precio de sangre por nuestra libertad, para que podamos ser libres del pecado y que este ya no gobierne nuestras vidas.

Dios nos perdonó conforme a sus riquezas de gracia. No es un perdón limitado o condicionado, es un perdón que fluye de la abundante gracia que Él posee. Dios nos ofrece su favor inmerecido, sin pedirnos nada a cambio, su gracia sobreabunda en nosotros. Nuestro Padre no se sienta en su trono para contar cuántos pecados nos ha perdonado, no tiene una lista de todos los errores que hemos cometido; por el contrario, en Miqueas 7, 19 (NTV), dice: «volverás a tener compasión de nosotros. ¡Aplastarás nuestros pecados bajo tus pies y los arrojarás a las profundidades del océano!». ¿Te fijaste? No dice que Dios anotará cada uno de tus pecados para no olvidarse de ellos, no: los aplastará y los arrojará a las profundidades del océano. Esto se cumplió en la cruz.

En el Salmo 103, David describe las bondades de Dios y recuerda su abundante gracia. Permíteme citar algunos versos: «Él es quien perdona todas tus iniquidades, el que sana todas tus dolencias» (v. 3), «no ha hecho con nosotros conforme a nuestras iniquidades, ni nos ha pagado conforme a nuestros pecados» (v. 10), «llevó nuestros pecados tan lejos de nosotros como está el oriente del occidente» (v. 12, NTV). Te invito a leer detenidamente este salmo, medita en Él y podrás ver la abundante gracia que Dios ha derramado sobre nosotros.

David fue nombrado como un hombre conforme al corazón de Dios y quien hizo esa afirmación fue Él mismo. David no era perfecto: cometió muchos errores a lo largo de su vida, pero no permitió que la culpa lo gobernase ni se alejó de Dios; todo lo contrario, se acercó a Él para recibir su perdón y misericordia. Es por ese motivo que pudo escribir lo que escribió, pudo ver el favor de Dios sobre su vida al tener una relación de intimidad con Él.

Te puedo asegurar que el perdón de Dios es irreversible. A través de Jesús, perdonó *todos* nuestros pecados, tanto los pasados como los presentes e incluso los futuros. Él no nos ve a través de nuestros pecados, sino que ve el precio pagado, la cuenta saldada por Jesús. ¡Somos libres! Y esta libertad nos capacita para perdonar a quienes nos ofenden. Si la gracia ha sido derramada sobre nosotros, nosotros también tenemos el poder de ofrecerla a quienes nos rodean.

Somos herederos

Ya que somos sus hijos, Él permite que participemos junto con Cristo de su herencia. «Es más, dado que estamos unidos a Cristo, hemos recibido una herencia de parte de Dios» (Efesios 1, 11a, NTV). Pablo hace mención a este tema también en Romanos 8, 17a (NTV): «así que como somos sus hijos, también somos sus herederos». Pero, ¿cuál es la herencia que recibimos en Cristo? Pedro la describe: «tenemos una herencia que no tiene precio, una herencia que está reservada en el cielo para ustedes, pura y sin mancha, que no puede cambiar ni deteriorarse» (1 Pedro 1, 4, NTV). Por lo tanto, tú y yo somos herederos de algo eterno.

Parte de nuestra herencia es la vida eterna que comienza aquí en la tierra cuando aceptamos a Jesús: podremos continuar disfrutando de ella, para siempre, en aquel lugar que Jesús ha preparado para nosotros.

Junto con Cristo, también heredamos la justicia, la santidad y la paz de Dios. El Espíritu Santo que habita en nosotros también es parte de esta herencia y, a través de Él, recibimos dones que nos capacitan para edificar a las personas que nos rodean. Asimismo, mediante el Espíritu de Dios, se produce en nosotros como fruto el amor y este se traduce en gozo, paz, paciencia, bondad, benignidad, fe, mansedumbre, dominio propio (Gálatas 5, 22). Es la mejor herencia que podemos recibir y no se puede comparar con las cosas materiales ya que estas son pasajeras y perecen. Lo que Dios nos ha heredado es eterno.

Otro aspecto de su herencia tiene que ver con sus promesas. Te invito a descubrir, en su Palabra y a diario, las innumerables promesas que Él nos ha dado. No vas a poder hacer uso de tu herencia si desconoces qué es lo que Dios ha puesto a tu disposición.

Pablo, en la segunda parte del versículo en Romanos 8, 17 (NTV), indica que junto con Cristo también podemos atravesar por el sufrimiento. Si bien es cierto que Dios no nos ha prometido una vida en la Tierra sin sufrimiento o dificultades, sí prometió estar con nosotros en todo momento y capacitarnos para atravesar con Él los momentos difíciles; y es en esos momentos donde se hace más evidente su herencia. Tenemos a nuestra disposición todos sus recursos, podemos hacer uso de todo lo que a Él le pertenece. ¡Somos sus herederos!

Somos suyos

«Cuando creyeron en Cristo, Dios los identificó como suyos al darles el Espíritu Santo, el cual había prometido tiempo atrás» (Efesios 1, 13b, NTV). ¿Has notado que los seres humanos no solo buscamos aceptación, sino también pertenencia? El sentido de pertenencia es importante para nosotros ya que nos permite formar parte de un grupo, sentirnos integrados, nos aporta seguridad y satisfacción. Aquel que no ha desarrollado el sentido de pertenencia, siempre se sentirá fuera de lugar.

Al creer en Cristo, Dios nos identifica como suyos y su Espíritu habitando en nosotros es la mayor prueba de que le pertenecemos. Él nos hizo parte de su familia, somos su pueblo. Pedro nos lo recuerda: «ustedes son un pueblo elegido. Son sacerdotes del Rey, una nación santa, posesión exclusiva de Dios.

Por eso pueden mostrar a otros la bondad de Dios, pues Él los ha llamado a salir de la oscuridad y entrar en su luz maravillosa» (1 Pedro 2, 9, NVT). Cuando una persona sabe quién es en Cristo, puede proceder en conformidad con aquello. El pertenecer a Dios nos capacita para evidenciar a los que nos rodean de su bondad: es algo que fluye de esa relación de intimidad, no es algo impuesto. A medida que nos relacionamos con Él, algo maravilloso emerge de nosotros: su carácter, su amor, él mismo. Dios mismo fluye en nosotros (Lucado, 2018).

Somos justificados

Pablo se hace estas preguntas y se responde a sí mismo: «¿Quién acusará a los escogidos de Dios? Dios es el que justifica. ¿Quién es el que condenará? Cristo es el que murió; más aún, el que también resucitó, el que además está a la diestra de Dios, el que también intercede por nosotros» (Romanos 8, 33-34). Pablo concluye que nadie puede acusarnos ni condenarnos porque Dios, a través de Jesús, nos justificó, es decir, nos declaró justos e inocentes. Esta justicia no está ligada a nuestras acciones, por el contrario, está completamente ligada a la obra de Jesús en la cruz. Nosotros recibimos esa justicia por fe: «justificados pues por la fe, tenemos paz para con Dios por medio de nuestro Señor Jesucristo» (Romanos 5, 1), y el resultado de esa justificación es la paz; paz entre Dios y nosotros. Ocurre un «glorioso intercambio», como titula una canción, «al que no conoció pecado, por nosotros lo hizo pecado, para que nosotros fuésemos hechos justicia de Dios en él» (2 Corintios 5, 21). Es decir que Jesús llevó las cargas de nuestro pecado y su justicia fue hecha nuestra; aquí radica la importancia y el valor de lo que ocurrió en la cruz.

En Isaías 54, 14 (TLA), dice: «la justicia te hará fuerte, y no volverás a sentir miedo». Si Él ya nos justificó, no debemos vivir en el temor, sino en la libertad ya que su justicia no nos condena ni acusa; por el contrario, nos fortalece a vivir guiados por su Espíritu, en amor.

Algunos líderes religiosos han intentado infundir miedo en las personas al imponer un sinnúmero de reglas que ni siquiera ellos mismos cumplen a cabalidad. Intentan imponer una imagen de «santidad» que no se basa en lo espiritual, sino en cómo lucen las personas, centrándose en la apariencia física, prohibiendo cierto estilo de ropa, accesorios, comida, entre muchas otras cosas. Por esta razón, debemos tener cuidado con aquello que escuchamos, ya que en lugar de avivar nuestra fe y animarnos a vivir conforme a lo que Dios piensa de nosotros, estas imposiciones matan nuestra fe y generan la falsa idea de que, cumpliendo ciertas reglas y rituales, podemos ganarnos el amor de Dios, una carga que Él ya ha quitado de nuestros hombros.

Dios no se basó en nuestra bondad para declararnos justos. Pablo es muy claro cuando afirma que nadie es justificado por las obras, sino por gracia: «también nosotros hemos creído en Cristo Jesús, para que seamos justificados por la fe en Cristo, y no por las obras de la ley. Puesto que por las obras de la ley nadie será justificado» (Gálatas 2, 16). La fe no nos califica como dignos de recibir la justificación: la fe acepta y confía en la obra redentora de Jesús y es esto lo que nos capacita para vivir en amor. Pablo nos dice que «el amor no causa daño a nadie. Cuando amamos a los demás, estamos cumpliendo toda la ley» (Romanos 13, 10, TLA).

Si piensas que tus buenas acciones o el creer ser mejor que los demás te hacen merecedor de su amor y aceptación, estás muy equivocado. Pablo lo deja en claro: «pues, si ustedes pretenden hacerse justos ante Dios por cumplir la ley, ¡han quedado separados de Cristo! Han caído de la gracia de Dios» (Gálatas 5, 4, NTV). Caer de su gracia no significa haber fallado sino querer justificarnos por nuestras buenas acciones; en cambio, cuando fallamos es cuando más gracia podemos recibir. No podemos justificarnos a nosotros mismos. Nadie es lo suficientemente justo como para ser merecedor del amor de Dios, tan solo en Cristo podemos ser justificados.

Extendamos nuestras manos y recibamos su gracia. ¡Dios nos ve como justos, ya que ve la justicia de Cristo reflejada en nosotros!

Te animo a seguir descubriendo en su Palabra lo que Él piensa de ti, eso te impulsará a vivir de acuerdo con esas verdades. Quiero compartir contigo una parábola registrada por Mateo en la que Jesús habla sobre los cimientos:

El que escucha lo que yo enseño y hace lo que yo digo, es como una persona precavida que construyó su casa sobre piedra firme. Vino la lluvia, y el agua de los ríos subió mucho, y el viento sopló con fuerza contra la casa. Pero la casa no se cayó, porque estaba construida sobre piedra firme. Pero el que escucha lo que yo enseño y no hace lo que yo digo es como una persona tonta que construyó su casa sobre la arena. Vino la lluvia, y el agua de los ríos subió mucho, y el viento sopló con fuerza contra la casa. Y la casa se cayó y quedó totalmente destruida (Mateo 7, 24-27, TLA).

No sabrás cuán fuertes son tus cimientos hasta que estos sean probados. Es posible que las dos casas luzcan parecidas entre sí y muy fuertes por fuera, sin embargo, lo único que logrará revelar los cimientos de cada una son las tempestades. A ninguno de nosotros nos gusta atravesar por momentos difíciles, pero estos son parte de la vida y, por más que nos esforcemos por evitarlos, llegarán en determinado momento. Jesús nos advierte y nos dice cómo enfrentar las tempestades, nos llama a ser precavidos y a fijarnos en el tipo de cimiento en el que hemos edificado nuestra vida.

Huir de los momentos difíciles no es una solución: si tomamos esa actitud, debemos estar conscientes de que tendremos que estar huyendo toda la vida. Cuando nuestro cimiento es Jesús, podemos enfrentar las tormentas que se presenten con la seguridad de que estas no destruirán por completo nuestra vida. Como lo describe la parábola, no basta solo con escuchar aquello que Dios nos enseña o con saber cómo Él nos define, es necesario llevarlo a la práctica y vivir de acuerdo a lo que Él piensa de nosotros; eso generará un cimiento profundo en nuestra vida. Pasaremos de depender de nosotros mismos, de nuestras fuerzas, a depender del poder de Dios obrando en nosotros.

No esperes que las tormentas se presenten para averiguar cuán fuerte era tu cimiento: sé precavido y haz de Jesús tu cimiento, escucha su voz en la intimidad de una profunda relación y obra de acuerdo a lo que estás escuchando. C. S. Lewis (2017) afirma que «ni el mejor cristiano que jamás haya existido actúa por sí solo; tan solo está nutriendo y protegiendo una vida que nunca pudo haber obtenido por sus propios esfuerzos» (p. 58). Permite que sea Él quien dirija tu caminar a través de Jesús y de su Espíritu habitando en ti.

Para terminar, quiero compartir la letra de una canción que expresa lo que hemos visto en este capítulo. Si puedes, escúchala y deja que Dios afirme estas verdades en tu corazón.

Tú dices
(Traducción al español)
«You say» de Lauren Daigle

Verso 1
Lucho con las voces en mi mente,
dicen nada soy.
Me dicen mentiras
que no me dejan oír tu voz.
En cada momento me demuestras
que no soy mi error.
Recuérdame quién soy en ti.
Quiero escuchar tu voz.

Coro
Dices que me amas tal y como soy.
Dices que soy fuerte cuando débil soy.
Y al tropezar me levantarás.
Dices que soy tuyo, que tu hijo soy.

Refrán
Y creo en ti.
Creo en ti.
Lo que dices de mí.
Creo en ti.

Verso 2
Lo único que importa ahora
es lo que piensas tú de mí.
Encontré mi identidad.
Encontré valor en ti.

Verso 3
Todo lo que tengo y lo que soy,
lo rindo a tus pies.
En cada derrota y victoria,
en ti yo confiaré.

VIII

¡Para su gloria!

*Pues todas las cosas provienen de él y existen por su poder y
son para su gloria. ¡A él sea toda la gloria por siempre! Amén.*
Romanos 11, 36 (NVT)

¿Con qué frecuencia te has detenido a escuchar el canto de las aves? Cada vez que despierto a las cinco de la mañana, he podido escucharlas desde mi dormitorio. A través de la ventana, rompen el silencio. Es un canto incesante, un canto de alegría, un canto de agradecimiento, un canto imperceptible para aquellos que están envueltos en el afán de sus ocupaciones. No importa si afuera hace frío, ahí están ellas elevando su cántico; no importa si nadie les presta atención, ellas no dejan de pronunciarse. Cumplen con sus ciclos: «hasta la cigüeña y la grulla conocen las estaciones del año; también la tórtola y la golondrina saben cuándo ir a un lugar más cálido...» (Jeremías 8, 7, TLA). Embellecen nuestro planeta y así glorifican a su Creador que no deja de escucharlas y las alimenta a diario: «miren los pajaritos que vuelan por el aire. Ellos no siembran ni cosechan, ni guardan semillas en graneros. Sin embargo, Dios, el Padre que está en el cielo, les da todo lo que necesitan...» (Mateo 6, 26, TLA).

A menudo, los seres humanos nos preguntamos con qué propósito estamos en la Tierra. Muchos han definido su propósito de vida en base a las metas alcanzadas o por alcanzar. Sin embargo, como lo afirma Rick Warren (2003):

El propósito de tu vida excede en mucho a tus propios logros, a tu tranquilidad o incluso a tu felicidad. Es mucho más grande que tu familia, tu carrera o aun tus sueños y anhelos más vehementes. Si deseas saber por qué te pusieron en este planeta, debes empezar con Dios. Naciste *por* su voluntad y *para* su propósito (p. 15).

¡Quién mejor que nuestro Creador para definir cuál es nuestro propósito! Si partimos de nosotros mismos para descubrirlo, no encontraremos más que motivos egoístas y transitorios. Es en Él que cada ser humano y toda la creación encuentran su verdadero sentido de existencia. Es importante recalcar que el propósito de Dios para nuestra vida no se limita a la Tierra o al tiempo tal y como lo conocemos, va mucho más allá: su propósito involucra a la eternidad.

A veces, la búsqueda de nuestro propósito solo se fundamenta en las cosas terrenales como qué profesión estudiar, en qué ciudad vivir, qué trabajo aceptar, con quién formar una familia, tener o no hijos, etc. No estoy insinuando que no debemos ocuparnos de estos temas, puesto que son necesarios e importantes ya que contribuyen con nuestro propósito, pero no son en sí mismos el objetivo de nuestra existencia. Él nos diseñó para la eternidad y ha preparado una morada eterna para nosotros. Nos conformaríamos con tan poco si tan solo centramos nuestra vida en lo terrenal. Tener claro nuestro propósito eterno guiará nuestras decisiones en cuanto a los temas secundarios y temporales.

Dios no comete errores: nada fue creado por casualidad, cada parte de la creación fue diseñada con un propósito. Pablo revela que «todas las cosas provienen de Él y existen por su poder y son para su gloria» (Romanos 11, 36, NVT). La afirmación de Pablo «todas las cosas» incluye todo lo que existe: te incluye a ti, me incluye a mí. Fuimos creados por su poder. Jeremías dice que «el Señor hizo la tierra con su poder, y la preserva con su sabiduría. Con su propia inteligencia desplegó los cielos» (Jeremías 10, 12, NTV). Él empleó su poder, sabiduría e inteligencia para crear todo lo que existe y lo hizo todo para su gloria. Pero, ¿qué significa *gloria*?

Este término proviene de la palabra hebrea *kábód* que significa *algo sustancial o pesado, honor, estima.* Sharon Jaynes (2013) dice que «la Biblia asocia la gloria de Dios con la manera en que él se manifiesta a sí mismo o el modo en que hace que su presencia sea conocida» (p. 20). Por lo tanto, tú y yo fuimos creados para revelar y manifestar su presencia. Al hacerlo, le estamos dando gloria y honor, y estamos reconociendo cada uno de sus atributos.

La naturaleza revela de forma especial cómo glorificar a nuestro Creador: «cuando algo en la creación cumple con su propósito le da gloria a Dios» (Warren, 2003, p. 56). Las aves dan gloria a Dios al cantar y al formar sus nidos; los árboles dan gloria a su Creador al crecer, al dar frutos y producir oxígeno; el sol lo glorifica al aportar luz y calor; nosotros, los seres humanos, como hijos suyos glorificamos a nuestro Padre al reflejar su imagen, su carácter y su amor.

Pablo enseña que cualquier cosa que hagamos debemos hacerlo para glorificar a Dios: «así que, sea que coman o beban o cualquier otra cosa que hagan, háganlo todo para la gloria de Dios» (1 Corintios 10, 31, NTV). Con la motivación correcta, cualquier actividad que realicemos (estudiar, trabajar, disfrutar una tarde con la familia o amigos, educar a los hijos, ordenar la casa, leer, pintar, tocar un instrumento, cantar, pasear al perro, cocinar, comer...) puede convertirse en un acto que da gloria a Dios. Lo que nos debe motivar a realizar cualquier actividad es alabarlo, complacerlo, reflejar su amor en medio de todo lo que hacemos.

En el libro de Isaías, Él hace esta afirmación: «traigan a todo el que me reconoce como su Dios, porque yo los he creado para mi gloria. Fui yo quien los formé» (Isaías 43, 7, NTV). Él mismo manifiesta que fuimos creados para su gloria, ese es nuestro propósito. Fuimos creados para su placer puesto que todo se trata de Él, no de nosotros. Es algo difícil de asimilar y no sería posible si no fuera por Jesucristo. C. S. Lewis (2017) menciona: «ser un ingrediente real de la felicidad divina... ser amado por Dios; no limitarse a ser un objeto de su piedad, sino de su gozo, de modo semejante a como el artista se deleita en su obra o el padre en su hijo. ¡Parece imposible! ¡Un peso o carga de la gloria difícil de soportar por nuestros pensamientos! Sin embargo, así es» (p. 13).

En el Salmo 147, 10-11 (NTV), el salmista dice que Dios «no se complace en el poder del ser humano. No, el Señor se deleita en los que le temen, en los que ponen su esperanza en su amor inagotable». Cuando pretendemos ser autosuficientes, no estamos glorificando a Dios. El verso dice que Él se complace, se deleita, en aquellos que le temen y ponen su esperanza en su amor. Cuando el salmista menciona la palabra *temor* no se refiere en absoluto al miedo, no tiene nada que ver con la idea del Dios castigador que infunde terror; tiene que ver con la reverencia, el respeto, la consideración que Él merece como Dios soberano, creador de todo cuanto existe. El temor al que hace referencia el salmista se relaciona con la alta estima en la que debemos tener a nuestro Dios.

Por otra parte, también se hace énfasis en que Él se deleita en aquellos que ponen toda su esperanza en su amor. La versión Reina-Valera 1960, dice lo siguiente: «en los que esperan en su misericordia». En este pasaje, el término *misericordia* proviene del hebreo *hesed* que significa *gracia*. Por lo tanto, Dios se deleita en aquellos que perseveran en su gracia, en aquellos que no se apoyan en sus propias fuerzas o recursos, sino que descansan por completo en su amor inagotable e incondicional porque su amor es suficiente y es todo lo que necesitamos. Damos gloria a Dios cuando descansamos en el poder de su gracia, sabiendo que ya no tenemos que trabajar para salvarnos a nosotros mismos: Jesús lo hizo todo.

John Piper (2003) menciona otra forma de darle gloria a Dios y esta tiene que ver con la forma en la que nos regocijamos en la gloria que Él nos ha manifestado: «Dios recibe más gloria en nosotros cuando más satisfechos estamos en Él» (p. 21). Dios nos creó para que disfrutemos de Él, de su presencia, de su gran amor y, al hacerlo, le estamos glorificando. Dios no quiere que nos acerquemos a Él por miedo a ser castigados o por obligación, ni siquiera por cumplir con un ritual religioso; Él quiere que encontremos deleite en su presencia. Solamente de un corazón en el que haya deleite, fluye una genuina adoración.

Resulta interesante saber que la primera vez que se menciona en la Biblia la palabra *adoración* es cuando Abraham se dispone a ofrecer en sacrificio al hijo de la promesa, a Isaac. La adoración se relaciona de manera profunda con la disposición de nuestro corazón a depender únicamente de la provisión de Dios; fue en esa ocasión cuando Abraham conoció a Jehová-Jireh, *el Dios que provee*. «La esencia de la adoración es el deleite en Dios que muestra el valor que Él tiene para satisfacernos por completo» (Piper, 2003, p. 27). Lo glorifico cuando tengo una vida de adoración, Jesús se lo explicó a la mujer samaritana:

Pero se acerca el tiempo —de hecho, ya ha llegado— cuando los verdaderos adoradores adorarán al Padre en espíritu y en verdad. El Padre busca personas que lo adoren de esa manera. Pues Dios es Espíritu, por eso todos los que lo adoran deben hacerlo en espíritu y en verdad (Juan 4, 23-24, NTV).

Fuimos creados para adorarlo y la verdadera adoración no se centra en un día, un lugar o un estilo de música en específico, sino en la dirección que el Espíritu Santo da a nuestro espíritu y en la luz de su Palabra. Cuando adoramos a Dios, reconocemos su valor y grandeza, y le damos gloria.

Isaías menciona algunas de las bendiciones de tener una vida de adoración, lo cual cumple con el propósito por el que fuimos creados, el de glorificar a Dios:

Yo los guiaré constantemente, les daré agua en el calor del desierto, daré fuerzas a su cuerpo, y serán como un jardín bien regado, como una corriente de agua. Reconstruirán las ruinas antiguas, reforzarán los cimientos antiguos, y los llamarán: «Reparadores de muros caídos», «Reconstructores de casas en ruinas» (Isaías 58, 11-12, TLA).

En el capítulo 58 de Isaías, Dios exhibe la adoración vacía que estaba realizando su pueblo. Su adoración se basaba en cumplir rituales como el ayuno y el día de reposo, pero sus vidas no estaban reflejando una verdadera intimidad con Dios, ni mucho menos un corazón satisfecho en Él, capaz de amar a sus prójimos. Él no se complace en los rituales vacíos, Dios anhela nuestro corazón. Aquellos que mantienen una vida de verdadera adoración podrán disfrutar de la dirección de Dios cada día de sus vidas y encontrar satisfacción para su alma; aún en medio de problemas, tendrán siempre nuevas fuerzas.

En el pasaje anterior, a más de las bendiciones que observamos, podemos descubrir otro de los propósitos por el cuál fuimos creados y esto es para ser reparadores y reconstructores. Si miramos a nuestro alrededor, descubriremos que hay muchos muros caídos y casas en ruinas en el alma de las personas. Hay cimientos que deben ser transformados para que la edificación sea capaz de sobrellevar las tormentas. Existen muros que se vienen abajo por falta de amor, de uno incondicional. Si nos detenemos a observar nuestro mundo, nos daremos cuenta que hay mucho por reparar y reconstruir.

Tú y yo fuimos diseñados para ser instrumentos útiles en las manos de nuestro Padre. No es nuestra tarea cambiar la vida de quienes nos rodean, pero sí podemos ser la herramienta que el mejor Constructor quiere emplear para reparar y reconstruir la vida de otras personas: una herramienta no funciona por sí sola, sino que necesita de la mano del constructor. Este propósito está muy ligado con el anterior, el de dar gloria a Dios; es más, fluye de él. Si mi alma encuentra plena satisfacción en Él, podré ser un canal de bendición para aquellos que me rodean. A menos que nuestro caminar con Dios sea continuo y profundo, no podremos edificar absolutamente nada para el reino de nuestro Padre.

Pablo sugiere que «cuando tengan dificultades, ayúdense unos a otros. Ésa es la manera de obedecer la ley de Cristo» (Gálatas 6, 2, TLA). La versión Reina-Valera 1960 dice: «sobrellevad los unos las cargas de los otros». Como parte del cuerpo de Cristo, como hijos suyos, debemos estar dispuestos a ayudarnos unos a otros a sobrellevar nuestras cargas. Dios no nos puso en la Tierra para estar solos: desde el inicio vio que el tener compañía era bueno, por eso le dio una compañera a Adán. De igual forma, a nosotros nos dio una familia biológica y una familia en la fe. Por lo tanto, nuestro propósito es no cansarnos de hacer el bien. Pablo insistió en este tema: «así que no nos cansemos de hacer el bien. A su debido tiempo, cosecharemos numerosas bendiciones si no nos damos por vencidos. Por lo tanto, siempre que tengamos la oportunidad, hagamos el bien a todos, en especial a los de la familia de la fe» (Gálatas 6, 9-10, NTV).

Como hijos de Dios, tenemos su Espíritu habitando en nosotros y Él nos capacita para *hacer el bien* mediante los dones espirituales. Pablo profundiza en algunas de sus cartas sobre este tema (Romanos 12, 1 de Corintios 12, Efesios 4) y resalta el propósito de estos dones: «a cada uno de nosotros se nos da un don espiritual para que nos ayudemos mutuamente» (1 Corintios 12, 7, NTV), «a fin de perfeccionar a los santos para la obra del ministerio, para la edificación del cuerpo de Cristo» (Efesios 4, 12). Nuestros dones deben estar al servicio de los demás: fuimos creados para participar junto con Cristo de la obra que Él está construyendo en la vida de otros. La medida de esta obra no es más ni menos que llegar «a la medida de la estatura de la plenitud de Cristo» (Efesios 4, 13). Por supuesto que esa estatura la alcanzaremos al llegar a nuestro verdadero hogar. Sin embargo, mientras tanto, debemos seguir creciendo y edificándonos mutuamente, basados en el amor: si el amor no está presente, nada de lo que hagamos tendría valor. Recordemos lo que dijo Pablo:

Si yo hablase lenguas humanas y angélicas, y no tengo amor, vengo a ser como metal que resuena, o címbalo que retiñe. Y si tuviese profecía, y entendiese todos los misterios y toda ciencia, y si tuviese toda la fe, de tal manera que trasladase los montes, y no tengo amor, nada soy. Y si repartiese todos mis bienes para dar de comer a los pobres, y si entregase mi cuerpo para ser quemado, y no tengo amor, de nada me sirve (1 Corintios 13, 1-3).

Mi caminar con Dios no debería definirse por aquello que no hago o he dejado de hacer, sino por el amor puesto en acción a favor de los que me rodean. Permitamos que sea el amor el que defina nuestro caminar con Él. Juan enfatiza en el tema del amor y afirma que «todo aquel que ama, es nacido de Dios, y conoce a Dios» (1 Juan 4, 7). El amor es la más grande evidencia de que somos sus hijos y que le conocemos. Resulta contradictorio decir que amamos a Dios y no amar a quienes nos rodean:

Si decimos que amamos a Dios, y al mismo tiempo nos odiamos unos a otros, somos unos mentirosos. Porque si no amamos al hermano, a quien podemos ver, mucho menos podemos amar a Dios, a quien no podemos ver. Y Jesucristo nos dio este mandamiento: «¡Amen a Dios, y ámense unos a otros!» (1 Juan 4, 20-21, TLA).

Nuestro propósito es hacer el bien, fuimos creados para eso. Pablo nos lo recuerda, «pues somos la obra maestra de Dios. Él nos creó de nuevo en Cristo Jesús, a fin de que hagamos las cosas buenas que preparó para nosotros tiempo atrás» (Efesios 2, 10, NTV). Es importante diferenciar que fuimos salvos *para* buenas obras y *no por* ellas. Algunas personas lo confunden y viven esforzándose por hacer cosas buenas para ganarse su amor y aprobación. No obstante, Pablo es muy claro cuando dice que Jesús nos dio una nueva vida por gracia para que vivamos haciendo el bien a quienes nos rodean. No es una imposición, no es algo que debemos hacer para ganar el amor de Dios: las buenas obras manifiestan que su amor habita en nosotros y fluye a través de nosotros. Si recordamos el verso de Isaías 58, 11, Dios dice que seremos como un «manantial de aguas, cuyas aguas nunca faltan». Es curioso que se emplee la palabra *ma-*

nantial ya que es una corriente de agua que emerge del suelo o de en medio de las rocas. Para que tú y yo podamos ser un manantial de vida, debemos permitir que la vida y el amor de Jesucristo emerjan de las profundidades de nuestra alma a través de su Espíritu, de la roca, que es Él mismo. Tenemos recursos inagotables para hacer el bien a quienes nos rodean. Tenemos acceso ilimitado a la fuente de vida que nos renueva y nos da siempre nuevas fuerzas para hacerlo.

Asimismo, como parte de nuestro propósito, nos fue dada una misión. Esta misión sí que es importante, ya que fueron las últimas palabras mencionadas por Jesucristo antes de su ascensión: «les dijo: "Id por todo el mundo y predicad el evangelio a toda criatura"» (Marcos 16, 15). Versos más adelante, podemos observar que, como respuesta, «los discípulos, por su parte, salieron a anunciar por todas partes las buenas noticias del reino. El Señor Jesús los acompañaba y los ayudaba por medio de señales milagrosas, y así Dios demostraba que los discípulos predicaban el mensaje verdadero» (Marcos 16, 15, TLA). Nuestro propósito incluye cumplir esta misión, ya que no fue dirigida solo para los discípulos de esa época, sino para todos los seguidores de Jesús sin excepción alguna.

Este no es un llamado de unos pocos (pastores, misioneros, predicadores, líderes), es una misión para cada uno de sus hijos. Tú y yo no podemos quedarnos con el tesoro de las buenas nuevas guardado bajo tierra: Jesús nos alcanzó para que, a su vez, alcancemos a otros con el mensaje de salvación. Su propósito fue traer salvación a todos, no solo a unos cuantos; por lo tanto, debemos sumarnos a este propósito: «Dios amó tanto a la gente de este mundo, que me entregó a mí, que soy su único Hijo, para que todo el que crea en mí no muera, sino que tenga vida eterna» (Juan 3, 16, TLA).

Una vez que somos conscientes de la misión de compartir el evangelio con todo el mundo, esto se vuelve parte de nuestro propósito de vida. Es importante analizar lo que hicieron los discípulos. Su respuesta fue hacer exactamente lo que Jesús les encomendó, no estaban apoyados en sus propias fuerzas o habilidades. El verso dice que Jesús mismo «los acompañaba y los ayudaba». En el pasaje paralelo que habla sobre este tema, Mateo también recalca las palabras de Jesús: «he aquí yo estoy con vosotros todos los días, hasta el fin del mundo» (Mateo 28, 19-20). Jesús no nos envía solos: prometió que su presencia iría con nosotros y eso es suficiente, no necesitamos nada más. Tenemos al Creador y dueño de todo cuanto existe de nuestro lado, obrando a través de nosotros con todo su poder.

Sé que es una misión desafiante y que nos sobrepasa. Una sola persona no podría cumplirla, pero el cuerpo de Cristo, la iglesia, la unidad de los hijos de Dios, es capaz de llevarla a cabo. Es importante que ninguno de nosotros ponga excusas para no hacerlo. En la Biblia podemos encontrar algunos ejemplos de personas que, ante nuestros ojos, era imposible que llevaran a cabo el propósito que Él les había dado y que en un inicio respondieron con excusas: Moisés le dijo a Dios que no podía hacerlo porque no tenía facilidad de palabra, Jeremías le dijo que no sabía hablar y que era un niño, David pudo decir que era muy joven y físicamente débil en comparación con Goliat, para la reina Ester y Rahab sus vidas estaban en juego, Ruth lo había perdido todo, Mateo pudo haber señalado que era cobrador de impuestos, Pedro que tan solo era un pescador, Pablo que había sido un perseguidor de la iglesia y consintió un asesinato. Podemos encontrar un sinnúmero de ejemplos de personas imperfectas que, a pesar de tener toda la probabilidad de fracasar en su misión, dispusieron su vida al servicio de Dios, y Él manifestó su poder a través de ellos y cumplió su propósito.

Ten la seguridad de que Dios no se limita a fijarse en tu capacidad o en las dificultades que tienes para llevar a cabo su propósito. Él te mira a través de Jesús, mira lo que puedes hacer en sus manos, mediante su poder obrando en ti y a través de ti. Por lo tanto, no hay excusas, pasado, circunstancias, dificultades, ni temores aceptables para rehusarnos a cumplir con nuestra misión.

En los hechos de los apóstoles se nos recuerda que mediante el Espíritu Santo recibimos poder para ser testigos y cumplir con la misión que nos fue encomendada: «pero recibirán poder cuando el Espíritu Santo descienda sobre ustedes; y serán mis testigos, y le hablarán a la gente acerca de mí en todas partes...» (Hechos 1, 8, NTV). El Espíritu Santo nos capacita para compartir las buenas nuevas. Pablo dice: «esa Buena Noticia nos revela cómo Dios nos hace justos ante sus ojos, lo cual se logra del principio al fin por medio de la fe. Como dicen las Escrituras: "Es por medio de la fe que el justo tiene vida"» (Romanos 1, 16, NTV).

El mensaje que compartimos empieza con nuestras vidas, con aquello que Jesús hizo y está haciendo en nosotros: no menosprecies tus errores o los momentos difíciles por los que atraviesas porque Dios puede glorificarse y tocar el corazón de alguien mediante ellos. No precisas pasar por alto tus debilidades o proyectar una imagen de perfección para convencer a la gente, deja que Dios hable a través de lo que hizo y está haciendo en tu vida. Las personas no deben poner sus ojos en ti, sino en Él y en su plan de redención para la humanidad. Dios le dijo a Pablo: «mi gracia es todo lo que necesitas; mi poder actúa mejor en la debilidad» (2 Corintios 12, 9, NTV). Por eso Pablo decidió gloriarse en sus debilidades para que así el poder de Cristo obrara a través de él. En Cristo tenemos todo lo que necesitamos para llevar a cabo el propósito por el cual fuimos creados, así que podemos afirmar con seguridad: ¡Señor, tu gracia es suficiente!

Pablo anunció las buenas nuevas por donde iba y lo hizo porque para él era un honor hacerlo. Por ese motivo afirmó: «no me da vergüenza anunciar esta buena noticia. Gracias al poder de Dios, todos los que la escuchan y creen en Jesús son salvados; no importa si son judíos o no lo son» (Romanos 1, 16, TLA). Es un honor ser embajadores del Rey en este mundo.

De manera general, hasta aquí hemos visto algunos de los propósitos por los cuales Él nos creó. No quiero generar un malentendido: Dios no creó al ser humano como un producto en masa, sino que se tomó su tiempo para diseñarnos a cada uno de nosotros de manera muy particular. Si buscamos alrededor del mundo, no encontraremos a alguien que sea como nosotros. Dios tiene en cuenta cada una de estas particularidades para llevar a cabo su propósito en nuestras vidas, así que no pretendas ser la copia de alguien: glorifica a Dios tal y como eres, con tus virtudes y defectos. Él te aceptó, te redimió y es quien se encarga de tu crecimiento. Haz el bien a quienes te rodean, sé un instrumento en sus manos con tu forma de ser, con los dones y talentos que te fueron dados. Sé un embajador del Rey y comparte las buenas nuevas con lo que Él ha hecho en tu vida. No hay otra forma de ser testigos: somos testigos de lo que él ha hecho y hace en nosotros. «Vosotros sois mis testigos, dice Jehová, y mi siervo que yo escogí, para que me conozcáis y creáis, y entendáis que yo mismo soy; antes de mí no fue formado dios, ni lo será después de mí» (Isaías 43, 10). Tu vida puede respaldar el mensaje de las buenas nuevas. Y, sobre todo, no olvides que su gracia es suficiente: es todo lo que necesitamos para nuestra estadía en la Tierra y para disfrutar con Él la eternidad.

Dios lo hizo todo hermoso para el momento apropiado. Él sembró la eternidad en el corazón humano, pero aun así el ser humano no puede comprender todo el alcance de lo que Dios ha hecho desde el principio hasta el fin (Eclesiastés 3, 11, NTV).

REFERENCIAS BIBLIOGRÁFICAS

Arango, O. (2004). *Enviados a servir: manual para la plantación y desarrollo de iglesias.* Asunción: UBLA, PiCP. p. 173.

Real Academia Española (2019). *Diccionario de la lengua española.* Madrid: Real Academia Española. Recuperado de https://dle.rae.es.

Spurgeon, C. *El tesoro de David.* Recuperado de https://www.academia.edu/32015594.

Lucado, M. (2018). *Esperanza inconmovible.* Nasville, Tennessee: Grupo Nelson.

Swindoll, Ch. (2013). *El despertar de la gracia.* Nasville, Tennessee: Grupo Nelson.

Goffman, E. (2006). *Estigma la identidad deteriorada.* Buenos Aires: Amorrortu.

Jaynes, S. (2013). *Frente a su gloria.* El Paso, Texas: Mundo Hispano/Baptist Spanish Plublishing House.

Jaynes, S. (2008). *El poder de tus palabras.* El Paso, Texas: Editorial Mundo Hispano.

Lewis, C.S. (2017). *Mero Cristianismo.* Madrid: Rialp, S.A.

Guzik, D. (2016). *The Enduring Word: Comentario bíblico en español de David Guzik.* California: Enduring Word. Recuperado de https://enduringword.com/comentario-biblico/genesis32 /efesios-1.

Warren, R. (2003). *Una vida con propósito.* Miami, Florida: Editorial Vida.

Lewis, C. S. (2017). *El peso de la gloria.* Madrid: Rialp, S.A.

Piper, J. (2003). *Los peligros del deleite.* California: Unilit.

Jung, C. G. (2007). *Dos escritos de psicología analítica.* Madrid: Trotta.

Twice Música feat. Valeria Farías. (2019). Tú Dices (Traducción español) You say, Lauren Daigle. Capitol CMG Publishing. https://www.youtube.com/watch?v=-K8RC7cKSOI.

TÍTULOS RELACIONADOS

Dios, la esencia y la verdad (Liz Huerta)
Todo va a estar bien (Jean Samira)
Antes de morir (Laura R. Bruzzese)
Mis días de resiliencia (Patricia Silva)
Decisiones de vida: Una lucha constante
por la felicidad (Didier Carrillo)
De regreso a la vida (Luis Hernán Toro)

www.grupoigneo.com

www.ingramcontent.com/pod-product-compliance
Lightning Source LLC
Chambersburg PA
CBHW060451160726
47992CB00003B/1169